生活因阅读而精彩

生活因阅读而精彩

金融的力量

你必须知道的金融学常识

窦学欣◎编著

THE POWER OF FINANCE

时 事 出 版 社

图书在版编目(CIP)数据

金融的力量:你必须知道的金融学常识/窦学欣编著.
—北京:时事出版社,2014.9

ISBN 978-7-80232-740-5

Ⅰ.①金… Ⅱ.①窦… Ⅲ.①金融学-基本知识
Ⅳ.①F830

中国版本图书馆 CIP 数据核字(2014)第170823号

出版发行:时事出版社
地　　址:北京市海淀区巨山村 375 号
邮　　编:100093
发行热线:(010)82546061　82546062
读者服务部:(010)61157595
传　　真:(010)82546050
电子邮箱:shishichubanshe@sina.com
网　　址:www.shishishe.com
印　　刷:北京建泰印刷有限公司

开本:787×1092　1/16　印张:24　字数:283 千字
2014 年 9 月第 1 版　2015 年 4 月第 2 次印刷
定价:38.00 元
(如有印装质量问题,请与本社发行部联系调换)

前言

谈起金融和货币这些词汇时，许多人都会说："这些都是专业人士了解的，我对它不感兴趣，什么证券，什么期货投资，什么次贷危机，什么金融风暴……这些东西离我太远，不关我的事。"持有这种观点的人不在少数，可殊不知货币与我们的距离非常近。像这几年网络上流行的新词汇"算（蒜）你狠"、"逗（豆）你玩"等等，正是社会经济发展的产物。

为什么大蒜、大葱的价格在一夜之间翻了好几倍？为什么油价一直上涨而没有降价的兆头？为什么中国的房价就像脱缰的野马，怎么也控制不住？为什么诺贝尔文学奖获得者莫言拿了诺贝尔奖奖金却只能买得起北京的一套房？这一系列问题的背后其实都是货币在作怪，货币深深地影响着我们的生活。

随着经济越来越国际化，货币就像人类的战

争一样让人既无奈又愤恨。美国华尔街涌入中国货币市场的热钱越来越多，搅得中国经济动荡不安，与此同时美国又不时地给中国施加压力，迫使人民币不断升值。人民币每升值一点，中国的外汇储备就会瞬间蒸发几十亿乃至几百亿。货币市场俨然变成一个不见硝烟的战场，在这个战场上，美元像是一个蛮不讲理的“霸主”，用尽手段维护着自己的统治地位。

楼市崩盘、信用崩盘、货币战争，这一个个惨痛的教训让我们清楚地看到，货币金融其实存在着种种弊端。如果我们不了解金融学，不明白其中的原理，不能通过这些货币现象认识到事情的本质，长期下去就会一直被蒙蔽，无法了解我们自身的利益受到了多大的影响。

为了揭开金融的真相，本书的编著者搜集了诸多资料，以实用性和可读性为原则，运用浅显易懂的语言，对货币以及与货币有关的一些常见现象的原委进行了阐述。从金融机构到货币常识，从国家货币调控到金融风险，从企业经营到个人理财……不管是热钱、通货膨胀、通货紧缩、股票、利率，还是企业、银行、证券公司、保险公司、华尔街、美联储等，都将为读者一一呈现。读者能够更清楚地了解世界和中国的经济形势，并且能够利用货币知识提高自己的生活质量。

目录
CONTENTS

第五章

躲在数字游戏下的工具——纷繁多样的金融机构

第六章

钱是怎样“生”钱的——颠倒众生的利率“魔棒”

第七章

引导资金流动的"神奇魔法"——国家的货币调控政策

第八章

你不了解的银行常识——方便居民生活的金融服务

第九章

无处不在的信用——金融市场的“灵魂”

第十章

这是“钱”吗——虚拟货币是货币还是商品

第十一章

存钱还是炒股——合理支配手中的钱

第十四章
环环相扣的金融“大家庭”——一张图读懂中国金融

第一章

被货币绑架的世界——金融背后的猫腻

受世界金融危机和经济危机的影响，各国经济增速放缓。通过各种政策性调整，中国经济率先复苏，并吸引了一大批短期性投资资金，也就是我们所说的“热钱”。热钱活跃于世界各国的金融市场，哪国的外汇储备多，其就会流入哪个国家。然而快速增长之后的中国经济也面临通胀压力、房地产泡沫等风险，在这些风险之下又隐藏着怎样的金融猫腻呢？

谁也逃不脱的“大萧条”

大萧条时期纽约流行的一首儿歌“梅隆拉响汽笛，胡佛敲起钟。华尔街发出信号，美国往地狱里冲！”

——金融常识

1932年，在当时被媒体称作大萧条时期的美国，约有200万人到处流浪，其中16~21岁的多达25万以上，包括两手空空的佃农、背井离乡的农场主、刚毕业找不着工作的青年等。曾经意气风发的银行行长、知名作家等衣冠楚楚的中产阶级，此时却不得不过着在夜间敲门讨饭或蜷缩在城市排队领面包的惨淡生活。

这是自1929年以“黑色星期二”为标志的大萧条以来，美国人真实生活的一个缩影。据1932年9月《财富》杂志估计，在那样一个经济萧条的年代，接近人口总数28%的美国人（3400万人）没有任何收入，1500万以上的人没有工作。

这都是美国1932年前后的事，听起来似乎离奇，但却一点儿不假。而这一切都源自那个“黑色星期二”——1929年10月29日。当天，纽约证券交易所的股指从之前的363点骤跌了平均达40个百分点，成千上万的美国人只能眼睁睁地看着一生的积蓄瞬间蒸发，所有人都陷入了这个旋涡之中。这是美国证券史上最黑暗的一天，它不仅是美国历史上影响最大、危害最深的经济事件，而且波及西方国家乃至整个世界，从此美国和全世界进入了长达105年的经济大萧条时期。1929年10月29日这个星期二，被视为大萧条时期开始的标志，也被称作“黑色星期二”。

在金融史上，1929~1939年间爆发的经济大萧条的影响比历史上任何一次经济衰退都深远。全球出现了大规模失业：美国约为1370万，英国约为280万，德国约为560万。据估计，在此期间，全世界的金融损失高达2500亿美元。

为什么会出现经济大萧条呢？经济学界众说纷纭，但有一点是毋庸置疑的：无论是何原因，它都是历史渐变引发的连锁反应，而不只是一个突发事件，大萧条的发生是几十年的金融危机这颗炸弹引爆的，而我们所要做的就是如何才能不重蹈覆辙。

1930年，这个非常艰难的时期，为了度日，美国的穷人可谓费尽心思。男人的刮胡刀片磨了再用；要不抽1角钱的香烟，要不自己动手卷纸烟；为了省电，改用25瓦的灯泡；妇女们把自己的衣服改一改给女儿穿；上面包店排队买便宜的隔夜面包；孩子们捡汽水瓶去店铺里退钱；许多人家把收到的圣诞贺卡保存起来，来年再寄给其他朋友。

在农村，农民的生活也极其惨淡，而农场主们也好不到哪儿，由于农产品价格暴跌，大量农场主破产。乡下人不得不吃草根、蒲公英、紫罗兰，以及以前喂牲口的野草。

这样的惨痛教训让全世界都时刻警惕着大萧条的再次爆发，各国也都采取一系列措施对世界金融危机进行防范。

2009 年 3 月，G20 伦敦峰会的主题就是为了应对当前面临的经济危机，如何制定一个国际相互协调协作的方案。

美国总统奥巴马在接受英国《金融时报》的采访时说：“对我们所有人来说，最重要的是在危机面前保持团结一致。”

奥巴马的话无疑传递出了解决问题的关键是信心和团结协作。世界各地的人，无论是投资者亦或是消费者，一旦面临全球性的经济危机，都会削减开支，就像 20 世纪 30 年代大萧条时期那样。温思罗普凯斯在 1938 年写道：经济的复苏靠的是企业和个人愿意持续长时间的投资和消费。对于企业来说，最重要的是老板对他的事业有信心；对于个人来说，最重要的是对自己的工作信心满满。但是，这种信心直到第二次世界大战才开始恢复，大萧条逐步得以结束。

除了信心，还有团结协作。1976 年前的伦敦会议最终因美国的不合作而以失败告终，各个国家从此走向了“孤立主义”和“保护主义”的道路，这加剧了全球经济和政治的动荡。而这次奥巴马显示了合作的意愿，这对伦敦峰会至关重要。

由此我们可以知道，应对大萧条的根本措施是全球合作。

都是信用崩溃惹的祸

最近美国的次贷危机的确在持续蔓延。尽管美国政府最近推出了一系列大手笔的救市举措，应该说这些举措从美国历史上来看也是很少见的。而以目前的状况来分析，美国经济仍未走出次贷危机的阴影。此外，消费信心也未恢复，失业的状况依然在恶化，美国的出口状况欠佳，虽然有些波动，但是总的来说贸易逆差还在增大等等。所有这些现象都表明美国目前的发展态势仍未见底，还在继续蔓延。

——连平（中国交通银行首席经济学家，多次受邀在北大做演讲）

2008 年，美国最大的投资银行高盛公司在股东大会上宣布，给高盛集团主席兼首席执行官布兰克芬派发约 1 亿美元的“超级大红包”，奖励他在应对次贷危机中作出的贡献。

为什么华尔街的投资巨头们在次贷危机中损失惨重，而高盛却在次贷危机中不但毫发无损，反而获利不少呢？这是因为次贷危机尚未全面爆发之前，高盛集团 CEO 布兰克芬及其团队就已大举沽空次级贷款，而到了

2007年年底，高盛集团通过沽空次级贷款就已经获利高达40亿美元。

次贷危机的含义

次贷危机又称次级房贷危机，也译为次债危机，指的是发生在美国的一场因次级抵押贷款机构破产、投资基金被迫关闭、股市剧烈震荡而引起的金融风暴。其后果是使全球主要金融市场出现流动性不足的危机。它从2006年春季开始显现，到2007年8月开始席卷美、欧、日等世界主要金融市场，目前已成为一个国际热点问题。

次贷也就是“次级按揭贷款”，“次”与“高”、“优”相对，是较差的一方，也就是“信用低、还债能力低”的意思。

次级抵押贷款是一个高风险同时伴随着高收益的行业，即一些贷款机构向信用度较低和收入较低的人提供贷款。它与传统的标准抵押贷款的区别在于，它对贷款者的信用度和还款能力要求不高，而贷款利率却比一般抵押贷款高很多。这样会使得信用记录较低或还款能力较差的人因得不到银行的优质抵押贷款转而申请次级抵押贷款购房。

2007年开始，美国就爆发了阶段性的次贷危机。

2007年2月13日，美国新世纪金融公司发出了2006年第四季度赢利预警。

2007年4月2日，美国第二大次级抵押贷款公司——新世纪金融宣布申请破产保护，裁员54%。

2007年8月6日，美国第十大抵押贷款机构——美国住房抵押贷款公司正式向法院申请破产保护。

2007年8月8日，美国第五大投资银行——贝尔斯登宣布旗下两支基金因次贷风暴倒闭。

2007年8月9日，法国第一大银行——巴黎银行宣布冻结旗下3支基金，这是因为它投资了美国次贷债券而遭受重大损失。此事件导致欧洲股市重挫。

这一系列事件均由次贷危机引起，而危机的根源就是信用崩溃。

信用崩溃

次贷危机爆发的主要原因是金融监管制度缺失，导致贪婪无度的华尔街投资者钻制度的空子，弄虚作假，欺骗大众；而直接原因是美国的利率上升和住房市场的不断降温。

美国人很少全款买房，通常是长时期贷款。那些收入不稳定、收入低甚至没有收入的人，因为信用度低，就成了次级信用贷款者，简称“次级贷款者”。

由于之前的房价很高，如果次级贷款者无法还贷，银行可以利用抵押的房屋收回贷款。但由于房价持续走低，贷款人无法还贷时，银行出售房屋回收的资金达不到贷款额，这样就出现了亏损。如果只是少数人还好，但是由于分期付款的利息上升，次级贷款者还款能力本来就低，于是出现了大量无法还贷的贷款人，这导致银行出现大范围亏损，从而引发了次贷危机。

在2006年前的5年里，美国住房市场持续繁荣，且当时美国利率较低，次级抵押贷款市场迅速发展。随着房市的持续降温和利率的提高，大量贷款人无法按期还款，从而引发“次贷危机”。这就是信用崩溃的后果。

举例来说，过去买房要全额付款，很多美国人都买不起房，人们为了买房，把钱都攒了起来，美国国内的消费始终无法带动起来。为了解决这个问题，银行推行了一个政策，人们可以从银行贷款或按揭买房，且利率很低。于是，很多人都去银行贷款。

很多人贷款买房，使得住房市场火爆，房子供不应求，银行贷款额不断上涨。但由于市民的还贷期限很长，利率又很低，银行的资金逐渐亏损，于是银行不得不将利率从 10%上调至 30%。例如美国人大卫每月工资 8000 美元，除了生活开销，每月可还贷 5000 美元。可是利率上升，大卫又刚好失业了，导致他无法按期还贷。而此时的房价较前几年降了很多，银行即使收回大卫的房子出售也无法补足贷款额，结果就是大卫还不了款，银行也出现亏损。这种现象在美国比比皆是，银行出现大面积的亏损，从而导致破产。银行破产又导致金融市场出现次贷危机，进而引发全世界的金融危机。

冰岛陷落的前车之鉴

面临严重金融危机的国家可以和个人、公司一样宣布破产，并得到相应的法律保护，国际金融系统应该为此建立正式的破产程序，通过与银行、债权人进行谈判，这些国家可停止偿还债务。

——金融常识

众所周知，冰岛是一个高福利国家，其贫富差距非常小，基尼系数在全球几乎是最低的。冰岛人又被称作北欧最勤奋的人，冰岛的失业率一直保持在1%以下。这就意味着只要冰岛人想工作，就不愁没有活干。

但是你会想到，一个如此幸福的国家竟然会是世界上第一个面临破产的国家吗？

人会破产，公司会破产，国家也会破产吗？

事实上，在国际上确有“国家破产”这一说法。国家破产这个概念最早是由国际货币基金组织（IMF）于2002年提出的，它是指一个国家对外资产小于对外负债，也就是资不抵债的情况。通常来说，国家破产指的是一个国家的金融财政收入不足以支付其进口商品所必需的外汇，或是其主权债务大于其 GDP。

冰岛的主权债务为 1300 多亿美元，而其年均 GDP 只有 190 亿美元，这就会导致国家破产。因自然资源匮乏，冰岛大力发展金融业，以低管制和高利率的开放式金融政策来吸引全球资金。冰岛的银行效法其他国家的投资银行，在国际金融市场大量购入低利率短期债券，再用这些资金投资回报高的长期资产，次级按揭资产就是其中一种。前几年，全球经济持续发展，冰岛银行大量借贷，其外债达到了惊人的规模，总外债为 GDP 的 12 倍，高达 1000 亿欧元，而此时冰岛央行的流动资产仅为 40 亿欧元。冰岛的银行业到了“富可敌国”的地步，但是一旦全球金融市场出现问题，冰岛政府根本无法挽救，所以才会出现宣布面临破产的事件。

冰岛的银行投资几乎遍布全球每一个角落。在 2005 年，冰岛金融业就为冰岛贡献了 7%的增长率，这是连全球金融业最为发达的国家都可望而不可即的辉煌成就。但是，谁也没有想到，仅仅几年这份辉煌成就导致了冰岛的“破产危机”。

国家如果出现严重债务问题，可不像公司破产那样简单，公司可以申请破产保护，但是国家破产了却无人为此埋单。

同时，一个国家一旦出现了严重的债务问题，就像一个长在身上的毒瘤一样，如果不彻底清除，就会扩散蔓延，不仅危害整个国家，还会危害全世界，导致全球经济遭受重创。

1997~2001 年的 4 年间，阿根廷的债务危机成了全世界金融市场的一个旋涡。

即便到了今天，阿根廷还在为债务危机而挣扎着。据新华社报道，2011 年 3 月 20 日阿根廷经济部财政秘书处公开的报告指出，截至 2011 年底，阿根廷的公共债务总额为 1643.3 亿美元，与 2009 年相比增加了 164.11 亿美元。在 2011~2020 年期间，阿根廷需要偿还的债务本金和利息年均分别为 69.44 亿美元和 38.87 亿美元。如果阿根廷宏观经济和财政状况持续稳定，如期偿还债务应该没有问题。

不仅仅是阿根廷，全球的许多国家都承受着难以负担的债务。据统计，平均每个非洲男人、女人和小孩欠发达国家 357 美元。坦桑尼亚政府 40%的税收用在偿还债务上；赞比亚每年的还债超过了其每年的医疗开支，而每 5 个赞比亚人中就有 1 个是艾滋病患者；卢旺达每年的还款则相当于其每年用在健康和教育上的开支。债务危机是金融危机的一个重要环节，往往容易引起严重的金融动荡，所以在 1996 年，世界自然基金会和世界银行宣布有条件或部分地免除了 41 个国家的贷款。

挥之不去的“金融巨兽”

> 目前我国市场的流动性是过剩的，但结构严重失衡，大量“热钱”和游资在股市、楼市和农产品等领域炒作。所以，当前宏观调控非常重要的任务是引导“热钱”和游资流向实体经济，通过金融工具、投资渠道、投资方式来吸纳这种“热钱”和游资，例如利用股权投资、风险投资模式。
>
> ——辜胜阻（北大经济学院兼职教授）

现今，有一个让全世界，特别是发展中国家谈虎色变的“金融巨兽”，它就是“热钱。”

那么，热钱究竟是什么呢？热钱又称为游资，或叫投机性短期资本。它的目标是以最低的风险换来最高的回报，其基本特征是短期、套利和投机。

2011 年 2 月 17 日，中国国家外汇管理局发布了第一个跨境资金流动监测报告，该报告首次披露了中国官方对热钱的估算数据：2010 年，热钱净流入国内为 355 亿美元，占当年 GDP 的 0.6%。

热钱从各种渠道入境，主要是在赌人民币升值，其中有相当数量进入房地产市场，以谋求双利。热钱到底有多少是难以统计的，只能大概估算。据有关研究显示，从 2003 年开始，热钱大量涌入国内，当年的数据有估算是 380 亿美元，也有估算是 750 亿美元；到了 2004 年，估算的数据则有的说是 600 亿美元，有的说是 700 亿美元，还有的说是 800 亿美元，最高的为 1132 亿美元，而发改委显示的估算数据为 1000 亿美元；2005 的数据为 400 亿美元；2006 年上半年的数据为 232 亿美元。从 2003 年到 2006 年 3 月，估算出来的数据最低累计为 1300 亿美元，最高则为 2000 亿 ~3000 亿美元。

2011 年 8 月，美国信用评级被降低，导致全球股市下挫。鉴于中国经济的持续稳定增长以及人民币的不断升值，金融市场的游资瞄准了中国，中国面临热钱的冲击风险不断加剧。

不仅中国，整个世界都充斥着大量热钱，热钱的背后是许多国际金融炒家，热钱是他们的“狩猎武器”。

1994 年底，墨西哥爆发了金融危机，热钱迅速逃离。仅仅两天墨西哥的外汇储备就减少了 40 亿美元；3 天内，汇率就暴跌了 42%；股市则在随后的两个月暴跌了 48%。这在现代金融史上是非常罕见的。这次金融危机的导火索是墨西哥政府宣布比索一次性贬值 15%，导致热钱抛售比索。在金融危机爆发之前，墨西哥的经济状况良好，政府为了加速经济增长，不断出台政策吸引外资进入。到 1993 年时，流入墨西哥的外资高达 300 亿美元，其中热钱超过了 150%，且主要分布在证券和货币市场，这使得墨西哥的金融体系极为脆弱。1994 年，墨西哥政局陷入动荡，而此时美联储 6 次提高利率，使得国际金融市场的大量资金回流美国，位于墨西哥的大量热钱开始逃离，仅证券市场就高达 180 亿美元。同时，墨西哥的国际贸易逆差急剧上升，外汇储备大量减少，墨西哥政府不得不再次贬值比索，从而更加剧了热钱的外流。这场金融危机迅速蔓延开来，巴西、阿根廷和智利等与墨西哥经济结构相似的拉美国家的经济均遭受巨大冲击。

到了 1997 年，热钱冲击波引爆泰国，并由此爆发亚洲金融危机。1992 年开始，泰国全面取消了资本管制，为吸引外资，泰国采取了固定汇率制度，使得泰铢被全面高估。与此同时，泰国动用外汇储备以弥补贸易逆差，导致其外债增加。一旦大量热钱外流，势必导致外汇储备不足，泰铢必然贬值。国际金融炒家正是看到这点，大量借入泰铢，然后抛售，使得泰铢大幅贬值，而此时只需少量美元即可以偿还借入的泰铢，从而获利。这场危机使泰国经济遭受重创，56 家银行被击垮，泰铢贬值 60%，股市暴跌 70%。用同样的方法，国际金融炒家连续对菲律宾、马来西亚、韩国、印尼和日本等亚洲国家和地区进行攻击，仅有中国香港凭借内地强大的外汇储备支撑，得以维系了固定汇率，从而避免了这场金融危机的浩劫。

一场经典的泡沫危机

在金融危机发生后，中国经济率先复苏并保持高速增长，对全球经济增长作出很大贡献，但在多年的快速增长之后，中国经济也面临通胀压力、房地产泡沫等风险，对这些风险，中国需要居安思危，适时地进行宏观经济政策调整。

——林毅夫（原北大中国经济研究中心主任教授、博士生导师）

西方一句古老的谚语“上天要使人灭亡，必先会使其疯狂”，最适合描绘金融市场爆发的“泡沫经济”，华而不实，虽美却短暂，但有众多投资者为其疯狂。

1719 年，英国政府允许债券与南海公司的股票进行转换。是年年底，由于南美障碍扫除，加上公众看好股价上扬，债券股票的转换加速，股价不断上涨。1720 年，南海公司承诺接收全部国债，政府需逐年向公司偿还，而客户可以分期付款的方式购买股票（第一年只需支付 10%）。到 1720 年 2 月 2 日，英国下议院通过该项议案时，南海公司的股票从 129 英镑飙升至 160 英镑；而当上议院通过这项议案时，股票已上涨至 390

英镑。

购买者非常踊跃，其中包括半数以上的参众议员，就连国王也认购了10万英镑的股票。到了7月份，股票的价格已高达1000英镑以上，仅6个月就上涨了700%。

在南海公司的带动下，全英国所有股份公司的股票都成了投机对象，数以百计的股份公司随之诞生，但只有皇家交易所保险公司等少数公司从事正当生意，其他大部分都是浑水摸鱼，骗取公众的钱。这些“泡沫公司”模仿南海公司的宣传手法，发布正进行大宗生意等虚假信息，以吸引市民购买股票。据统计，这些“泡沫公司”在市场上吸纳了高达3亿英镑的资金。

后来，大量的“泡沫公司”被取缔，数以千计的股民血本无归，其中不乏上流社会人士，很多人则因负债累累而逃亡国外。

这种结局就是泡沫经济的危害。

美元贬值，谁受伤谁得意

美元贬值也就由全世界持有美元的国家和人民埋单。

——刘纪鹏（北大金融证券研究中心研究员）

美国前财政部长康纳利的这句名言“美元是我们的货币，却是你们的问题”，恰当地描述了当前美元贬值所形成的局面。

两次世界大战使得各国遭受重创而美国一家独霸。1944 年 7 月，美国召集 44 个国家在新罕布什尔州的布雷顿森林召开会议，该会议确立了以黄金为基础、美元为最主要国际储备货币的国际货币体系。美国承诺，美元直接与黄金挂钩，而各国货币与美元挂钩，并且可以按照 35 美元每盎司的价格向美国兑换黄金。

然而，美国并未一直坚守承诺。1971 年，美国政府宣布放弃 35 美元兑换 1 盎司黄金的承诺，实施美元与黄金比价自由浮动。此后，美元不断贬值。到 2011 年 5 月初，每盎司黄金为 1500 美元，40 年间美元贬值了 98%。

当前，全世界都在经受通胀的煎熬，有的国家和地区的通胀率甚至高达两位数。导致这种局面的最重要的原因之一就是美元的泛滥发行和持续贬值。

例如，从 2011 年 5 月开始，1.33 欧元兑换 1 美元升至 1.46 欧元兑换 1 美元，创 2009 年 12 月以来的新高。这其中，瑞士法郎以 0.88 兑换 1 美元而成为问世以来的历史新高。

澳元和美元的汇率也达到 29 年来新高，为 1 澳元兑换 1.0772 美元。

视线转到亚洲，日元兑换美元一度达到二战后的最高点，为 76 比 1，而韩元对美元汇率也达到 2008 年 8 月以来的最高点，印尼卢比达到 7 年来新高，马来西亚吉特则达到 14 年来高点，新加坡元更是触及历史最高点。

人民币对美元汇率也从 2005 年的 8.2765 比 1 上升至 6.495 比 1，人民币汇率上涨了近 30%。

全球强势货币之一的南美洲巴西雷亚尔仅在 2011 年 3 月一个月的时间内就上涨 6.4%，逼近 12 年的最高水平。

美元的持续贬值使得全球非美元货币被动地大幅升值。作为国际贸易的主要结算货币和国际大宗商品的风向标，美元的贬值刺激着石油、黄金等商品价格一路飞涨，使得新兴市场备受通胀煎熬，而全球经济也因此面临新的不确定性。

美元贬值究竟对谁最有利呢？

从美国国内因素来看，美元贬值是美国政府有意为之。为应对金融危机和经济衰退，美元贬值可以刺激其出口，以扭转贸易逆差，同时可以改善就业、降低失业率、缩减财政赤字，这对振兴美国经济将起到一定作用。

从国际因素看，一些国家特别是资源型国家的经济率先复苏，并开始加息。另外，国际投资者减持美元资产，增持欧元和日元等资产。

由此看出，美元贬值的最大受益国是美国。

那谁来埋单呢？显然是谁的外汇储备多，谁就损失大。全球外汇储备大幅缩水就是最直观的例证，资料显示，目前外国持有的美元资产高达 5 万亿美元，美元贬值将使各国损失惨重。

从目前形势来看，美国经济已开始走向复苏。美国商务部数据显示，2010 年第四季度美国 GDP 环比增长 3.1%。另据美国劳务部数据显示，2011 年 3 月美国非农就业人数增长了 21.6 万人，创 2010 年 5 月以来最高涨幅。由此看出，美国这种将危机转嫁的做法确有成效。

美元的贬值意味着美元的信誉下降，这对于人民币和其他货币来说既是挑战，也是一次机会。因此，中国一定要做好充分准备，不仅要应对这次大挑战，更要把它视为一次机遇。

在机遇和风险中“淘金”

创业板上市后到目前运行总体平稳，但高估值也引起一些争议，我认为应尊重市场作出的选择，人为的刺激或打压都不可取。

——巴曙松（经济学家、北大兼职教授）

1985年，微软公司的总收入、营业利润和净利润分别为1.4亿美元、0.41亿美元和0.24亿美元。该公司于1986年在创业板市场纳斯达克发行，到2007年末，其总收入、营业利润和净利润变为511.22亿美元、185.24亿美元和1140.65亿美元，与上市前相比分别增长了364倍、450倍和4751倍。如果投资者在1986年购买微软公司的普通股，到2007年末每股增值达8928美元，按复利计算，年收益率高达51%。

除了微软，美国的创业板纳斯达克还孕育了像思科这样给投资者带来巨大回报率的公司。2009年10月30日，我国的创业板市场也正式开市。

什么是创业板呢？它是指交易所主板市场外的另一个证券市场，目的是给新兴公司提供融资渠道，以帮助这些公司发展。这些公司一般都从事高科技并具有较高成长性，往往成立时间较短、规模不大，但是业绩较好。我国的主板市场有沪、深股票市场，而创业板市场就是主板之外的第二股票交易市场。

创业板公司通过上市给它们带来宝贵的创业资金，其回报的利润是可观的，所以都说创业板是投资者的福地。创业板也承载着推动产业升级、建设创新型国家的重任。但是，实现这些宏大诉求的关键在于保护投资者的利益。

如果把上市公司和中介看作“卖方”，那么投资者则是“买方”。20世纪90年代，基于各种历史局限性，主板市场更多地是从“卖方”角度出发来制定政策等，从而出现“买方”利益屡受侵犯的情况，这使得证券市场几乎丧失了融资的基本功能。所以，创业板应该更多地站在“买方”角度而不是一味地追求“产业升级”等宏大诉求。也就是说，创业板必须使投资者得到合理回报才能实现宏大诉求，如果把宏大诉求作为前提，则容易事与愿违。

创业板是高风险的投资，但同时对投资者来说又是新的机遇、新的赢利空间，因此能吸引大量的高风险投资者参与进来。

拉动内需对经济增长至关重要，中国要想拉动内需就需要把证券投资、民间投资、直接投资、风险创投带动起来，以提高民间资金的投资效率。创业板投资的特点不在于与项目“白头偕老”，而是“结婚的目的就是离婚，以享受情感和自由的双结合”。在新过程中，需要“把他们的女朋友打扮得光鲜亮丽，然后再把她们卖掉”。这个过程是时代金融发展的标志，即将民间资金以直接投资的方式引进创业板，扩大内需政策方能成功。

所以，创业板投资对社会资金的带动效应是不可估量的。按照8∶1的效应，150家创业板公司300亿融资的背后将是2400亿元，投8个成1

个，这就是创业板投资的特点。当然，创投需要规范和改制，需要将一个个企业打扮得光鲜亮丽，教会它们礼仪和规范，为成功奠定基石。截至2011年9月29日，267家创业板公司的总市值高达7871亿元，这样的成绩是不错的，未来的前景也是非常乐观的。

创业板投资是一种机遇，也是一种挑战。投资者需要做好两方面的准备：一是知识储备，因为创业板的上市公司大多从事高科技行业，其发展潜力与传统行业相去甚远，所以投资者需要有充分的知识储备，并有独立的判断能力，才能选好股票；二是有心理准备，因为高收益、高回报总是伴随着高风险，既可能短时间内获得高回报，也可能血本无归。所以，对于创业板投资者来说，“不要吊死在一棵树上，也不要把鸡蛋放在一个篮子里”。

未来的“绿色淘金池”

建立具有我国特色的涵盖现货、远期和期货的碳金融体系，推出各类碳排放额度的碳金融衍生产品，最终通过碳金融衍生产品的交易来影响国际碳交易市场价格的形成，掌握国际碳交易市场定价的主动权，引导全球碳减排活动向有利于我国的方向发展。

——林伯强（中国能源经济研究中心主任在北大的演讲）

乍一说起“碳金融”，人们似乎还很陌生，但这种陌生不会持续很久，就像21世纪初人们对GPRS还十分陌生，但现在几乎人人都在用一样。所以，有理由相信，“碳金融”正悄然进入我们的生活。

目前，还没有一个统一的概念来定义碳金融，一般泛指所有服务于限制排放温室气体的金融活动，包括直接投资、银行贷款和碳指标交易等。它的兴起源于国际气候政策的变化，也就是两个具有重大意义的国际公约——《联合国气候变化框架公约》和《京都议定书》的签订。自2005年《京都议定书》生效后，全球各国都开始采取各种措施减排，并由此推动了全球碳排放交易市场的形成。

一般来说，国际范围内与低碳经济相关的“碳金融”业务主要包括以下 4 个方面：

⑴ “碳交易”市场机制，包括基于碳交易配额的交易和基于项目的交易。

(2) 机构投资者和风险投资介入的碳金融活动。

(3) 碳减排期货、期权市场，《京都议定书》签订以来，碳排放信用之类的环保衍生品逐渐成为西方机构投资者热衷的新兴交易品种。

(4) 商业银行的“碳金融”创新。

比如说荷兰银行在可持续金融活动中创新业务模式，拓展新的商机，其构造的限制温室气体排放的金融理财产品收益颇丰，其“碳金融”业务主要集中在以下两个方面：

一是碳交易业务。在碳交易领域，荷兰银行是位于全球前 10 位的交易商。凭借广泛的全球客户基础，荷兰银行为碳交易各方提供代理业务，并获取中间业务收入。随着代理业务额的增长和交易经验的积累，荷兰银行又做起了自营业务，其利润额大幅提高。

二是环保概念理财产品。通过对上市公司的研究，荷兰银行近年来开展了环保业务，选择了一些优于股市综合指数的环保业务上市公司作为样本股，开发了气候指数和水资源指数，并在此基础上推出了气候和水资源环保理财产品。产品推出之后深受市场欢迎，仅欧洲一家大型超市就购入 3000 万瑞士法郎。不仅如此，荷兰银行还将部分环保理财产品作为奖金发给员工，既提高了员工对银行社会责任的认可，又加强了员工的环保意识，同时理财产品的长期性对稳定员工队伍起了积极作用。

《京都议定书》旨在减排温室气体，其建立了3个灵活的合作机制——国际排放贸易机制（IET）、清洁发展机制（CDM）和联合履行机制（JI）。例如清洁发展机制（CDM），它允许工业化国家的投资者在发展中国家实施有利于发展中国家可持续发展的减排项目，从而获得“经证明的减少排放量”。在我国，随着更多的国内企业积极参与碳交易活动，依托清洁发展机制（CDM）的“碳金融”交易市场的发展空间将会更大。

除了依托CDM，中国的碳排放交易也已经起步。2008年8月5日，上海环境能源交易所宣告成立，这是我国首个环境能源交易平台。2008年9月25日，天津碳排放交易所也正式挂牌成立。由民间推动的碳交易峰会也分别在北京、上海等地举行。可以肯定，碳排放交易在中国将越来越多。

比如说，中国工商银行和北京天润新能源投资有限公司于2011年3月正式签署了围绕碳排放权项目开展的金融市场业务合作协议。这表明中国工商银行开始推出碳金融交易业务，同时也确立了其在国内碳排放权市场的领先地位。

根据协议，中国工商银行将为天润新能源的碳排放权项目提供碳金融产品和服务，这有利于提高国内环保企业在国际碳排放权领域的议价能力。

同时，“十二五”规划将绿色发展作为未来发展的重要方向。中国作为全球最大的减排国，在碳排放权交易和碳金融业务等领域具有广阔的市场。中国工商银行和天润新能源联合开展的碳金融合约交易不仅贯彻了“十二五”规划的精神，更有利于中国金融机构和企业了解国际碳排放权市场规则，这对中国碳排放权交易业务的发展具有重大而深远的意义。

第二章

一张纸币引发的动荡——你的钞票有多值钱

关于通货膨胀，世界上没有哪个国家能躲过其伤害。我们通过物价不断上涨感知通货膨胀，通过货币发行解释通货膨胀。通货膨胀是财富的天然敌人，随着CPI的不断飙升，我们的钱被通胀所剥夺，越来越不值钱。这时我们就不得不关注通货膨胀，就如同关注自己的存折一样。

正确认识通货膨胀

> 由于一方面货币政策上下调整空间极为有限，另一方面国际大宗原材料的商品价格、劳动力成本等居高不下，今年抑制通货膨胀工作会有相当大压力。未来，政府不能也不应再继续采取传统经济刺激手段，而要立足于实现由外源型增长向内延型增长的转变。
>
> ——成思危（著名经济学家在北大学术研讨会上的演讲）

通货膨胀是指，在纸币流通条件下，货币的供给大于货币的实际需求，也就是货币的购买力大于产出供给，从而使得货币贬值，导致一段时间内物价持续并普遍上涨的情形，其实质是社会的总需求大于社会的总供给。

通俗地说，通货膨胀就是在短期内钱不值钱了，或说同样的钱买不到以前能买的那么多东西了。比如说，以前 5 元钱买一斤大蒜，现在物价上涨，要 10 元一斤，现在 5 元钱只能买到半斤大蒜了。不仅是大蒜，市场上绝大部分商品的价格都上涨了，这种情况下，我们就可以断定发生通货膨胀了。

那么，通货膨胀会对国家经济以及人们的生活造成什么影响呢？

举个例子，美国南北战争时期，美国南部曾经发生过一次恶性的通货膨胀。当地居民以前都是将钱揣在兜里去购物，买到的东西装到篮子里。但是通货膨胀发生后，人们换用篮子装满钱去购物，而买回来的商品用衣兜就可以装下。除了钱，一切都变得很匮乏。

乍看起来，美国南部的通货膨胀似乎非常严重了，但是还有更严重的，那就是巴西曾经连续3年通货膨胀，这使得巴西人民苦不堪言。

1987年、1988年和1989年巴西的通胀率分别为365%、934%和1765%，从1989年11月中旬开始，巴西超市的平均价格上升了218%，股票、黄金市场的价格也上升了175%，外汇市场的美元价格则上升了163%，隔夜账户上升了137%。因隔夜账户上升得最少，巴西人民都把钱直接存入账户以尽可能地减少损失。

通过上述两个例子可以看出，通货膨胀对国家经济和人民生活造成了极大影响，具体表现在以下几方面：

一是对经济发展的影响。通货膨胀会导致物价上涨，而物价上涨势必会促使生产者盲目生产，这样容易造成国民经济的非正常发展，使得产业结构和经济结构发生变化，甚至畸形化，从而导致国民经济比例失调，这是十分有害的。

二是对收入分配的影响。通货膨胀会导致货币贬值，购买力下降，如果人们收入不变，这会使得人们的生活水平下降，特别是收入较低的居民。如果持续存在通货膨胀，社会就有可能动荡不安。

三是对对外经济关系的影响。通货膨胀会使物价上涨，从而降低本国产品的出口竞争力，容易引起黄金外汇储备的外流，从而导致汇率贬值。

从美国南部和巴西等地的通货膨胀来看，通货膨胀现象似乎不是长期现象，而是阶段性的，其实不然。根据伦敦商学院的统计显示，1900 年到 1999 年的这 100 年里，美国的年平均通货膨胀率为 3.2%，英国为 4.0%，德国为 5.2%，瑞士为 2.2%，加拿大为 3.1%，澳大利亚为 4.0%……可以看出，这 100 年间，全世界各国都或多或少地存在通货膨胀，只是有轻重之分，它可以分为以下几类：

温和的通货膨胀

温和的通货膨胀是通货膨胀率基本持续在 2%~3%，最多不超过 5%，并持续稳定的一种通货膨胀。

快速的通货膨胀

快速的通货膨胀是一种不稳定且加速恶化的通货膨胀。当它发生时，通货膨胀率较高，一般会超过两位数，这易导致经济社会发生动荡，是一种较危险的通货膨胀。

恶性的通货膨胀

与快速通货膨胀的快速相比，恶性通货膨胀则是极度的、超速的通货膨胀。它一旦发生，通货膨胀率非常高，一般可达 3 位数以上，并且完全不受控制，将导致社会物价持续飞速上涨，货币大幅度贬值，购买力大幅度下降。同时，整个社会的金融市场混乱不堪，正常的社会经济关系遭受重创，结局将是社会崩溃、政府垮台。

隐蔽的通货膨胀

隐蔽的通货膨胀又称受抑制的通货膨胀，是社会经济中可能存在的通货膨胀（潜在的价格上升）危机，但是在政府严格的价格管制（价格管制是指政府对处于自然垄断地位企业的价格实行管制，以防止它们为牟取暴利而危害公共利益）政策下，通货膨胀尚未发生。所以说，这种通货膨胀不是不存在，只是较为隐蔽，所以称为隐蔽的通货膨胀。

那么，为什么会引起通货膨胀呢？其中有经济过热、物价指数提高、政治因素、大宗商品交易价格上升等各种原因，过程也很复杂。作为普通人，我们没有必要去深究通货膨胀产生的原因，而是应该学会如何应对通货膨胀，以减小其对我们生活的影响。除了依靠国家出台相关的经济政策和措施外，我们还可以按下列方法来应对通货膨胀。

首先，努力工作，多赚钱，然后尽可能地减少开支，这样会使通胀的压力大为减轻。另外，我们可以谨慎地投资一些理财产品来抵消通货膨胀对财产的侵蚀。

遇到不同类型的通货膨胀时，我们应该采取不同的办法加以应对。比如说，当出现温和通货膨胀时，不要急着购买大量的生活用品或黄金，而应该把资金投入市场，不管是股市、楼市还是实业，都会不错；当达到5%~10%这样较高水平的通货膨胀时，我们则应该离开股市，对房地产的投资也要极为谨慎；而出现恶性通货膨胀时，此时的任何金融资产都是垃圾，要想尽可能地减少损失，只有以最快的速度把全部财产换成另一种货币，或选择黄金等保值物品。

通胀之后必然通缩

价格和成本正在普遍下降即是通货紧缩。

——保罗·萨缪尔森（诺贝尔经济学奖得主）

据史料记载，大宋王朝和大明王朝在朝代末年都发行过纸币，大明朝的纸币叫“大明宝钞”，但由于发行过多，又没有金属货币做支柱，所以在大宋朝和大明朝的末年都发生了严重的通货膨胀。皇帝立刻下令停止发钞，于是又产生了严重的通货紧缩。明朝末年最大的危机是没有货币可以交易，这使得整个社会的经济彻底崩溃，通货紧缩成了张献忠和李自成起义的直接导火索。

在经济学中，通货紧缩和通货膨胀是一对反义词。一般来说，通货紧缩就是指一国商品物价在一段时间里趋于下降。也就是说，社会所生产的产品大于人们的需求，即供大于求，这时人们手里的钱少了，购买力也就下降了。当然，通货紧缩还应包括诸如资产、资本、证券及服务等价格的长期持续下跌。

在经济学中，当 CPI（消费者物价指数）连续 3 个月下跌时，经济学家们认为就这是通货紧缩。例如，中国 2008 年 4 月、5 月、6 月和 7 月的

CPI 分别是 8.5%、7.7%、7.1%和 6.3%，CPI 已经连续 4 个月下跌，这说明中国从 2008 年 7 月开始就进入了通货紧缩阶段。

其实，不同于发生频率不确定的通货膨胀，通货紧缩发生的频率并不是很高，到了 20 世纪 90 年代中期发生的频率才开始增多。那么，为什么会发生通货紧缩呢？一般来说有以下几方面因素（各个国家发生通货紧缩的原因各不相同，以下几方面为一般共性因素）：

货币财政政策的影响

国家的货币财政政策对其影响较大。如果某国采取紧缩性的货币财政政策，商品市场和货币市场就会出现不平衡，也就是说会出现商品多而货币少，即供大于求的局面，从而出现通货紧缩。

经济周期变化的影响

经济会存在一些周期性的变化，比如说，当某国经济达到繁荣的高峰时，此时商品的制造能力非常强，就容易出现产能过剩，即商品供过于求，导致物价持续下降，从而引发周期性的通货紧缩。

投资和消费不足的影响

经济形势持续不佳，会打击投资者的信心，也会使消费者勒紧裤带，人们的投资和消费需求减少，势必导致物价不断下跌，从而形成需求不足引起的通货紧缩。

生产力提高的影响

新技术的发明、应用及广泛应用，会使得劳动生产率大幅度提高，生产成本和商品的价格降低，从而导致因成本性下降引起的通货紧缩。

各种体制变化和制度因素的影响

企业体制、保障体制等体制一旦发生变化，会打乱人们的稳定预期，比如，如果人们因为体制变化而预期未来收入将减少，加之支出将增加，那么人们将会勒紧裤带，少花钱，多储蓄，如此将导致需求不足，物价下跌，从而出现因体制变化和制度因素而导致的通货紧缩。

以上我们了解了为什么会发生通货紧缩的几个基本面，那么通货紧缩主要有哪些类型呢？主要包括以下3种类型：

1. 根据通货紧缩发生程度的不同，可将其分为相对通货紧缩和绝对通货紧缩。

2. 根据通货紧缩产生原因的不同，可将其分为需求不足型通货紧缩和供给过剩型通货紧缩。

3. 根据通货紧缩表现方式的不同，可将其分为显性通货紧缩和隐性通货紧缩。

从通货紧缩所表现的类型来看，它是一种货币现象，可以用价格指数来衡量。那么，有什么办法可以应对吗？事实上，和通货膨胀一样，我们可以通过产生通货紧缩的原因来找到相关的应对方法。

首先，要抓好货币政策，尤其是实施积极的货币政策。应扩大对中小企业和民营企业的贷款和金融服务范围，同时实施相关措施以促进居民消费，降低失业率，并拓宽银行的贷款领域。

其次，实施积极的财政政策。如增加国有企业固定资产的贷款，同时降低贷款利率，这些都是有效应对通货紧缩的良策。

总而言之，当出现通货紧缩时，钱就显得非常重要，因为此时物价不断下跌，手里有钱的话，人们想买什么就可以买到什么。有个词语叫“现金为王”，这是对通货紧缩时期最真实的概括。

CPI：与老百姓息息相关的统计数据

CPI（Consumer Price Index——居民消费价格指数）是一个反映一定时期内居民所消费商品及服务项目的价格水平变动趋势和变动程度的宏观经济指标。居民消费价格水平的变动率在一定程度上反映了通货膨胀（或紧缩）的程度。通俗地讲，CPI 就是市场货物价格增长百分比。

——金融常识

物价与人们的生活是息息相关和密不可分的，物价的高低会对人们的生活质量产生直接影响。随着社会的不断发展，人们的生活水平在不断提高，同时物价也在逐渐上涨。说起物价，人们自然会想到 CPI，为什么上涨的工资跑不赢 CPI 呢？CPI 又是什么呢？

CPI 的意思是消费物价指数，它是一项与人们的生活休戚相关的非常重要的经济指标，是通过与人们生活有关的商品及劳务价格统计出来的物价变动指标，同时它也是衡量通货膨胀水平的一把尺子。在我国，现行的消费物价指数 CPI 的构成和各部分比重分别是：

1. 食品为 34%；

2. 娱乐教育文化用品及服务为 14%；

3. 居住为 13%；

4. 交通通信为 10%；

5. 医疗保健个人用品为 10%；

6. 衣着为 9%；

7. 家庭设备及维修服务为 6%；

8. 烟酒及用品为 4%。

通常来说，CPI 涨幅大于 3%，就意味着已经发生了通货膨胀；CPI 大于 5%，就表明已经发生了比较严重的通货膨胀；CPI 达到两位数以上，就表明已经发生了恶性通货膨胀，金融危机将随之开始。

CPI 是衡量通货膨胀的尺子，我们可以通过 CPI 的升降及其幅度得知通货膨胀是否严重。CPI 升幅过大，就说明居民生活成本提高，此时通货膨胀已成为经济的不稳定因素了。如果这时人们的收入没有增加的话，那么由于通货膨胀，相对于整个社会环境来说，人们的收入就已经下降了。面对这些情况，央行会采取紧缩货币政策和财政政策以抑制通货膨胀，如此将会造成经济前景不明朗。

比如说，2009 年某人有 1000 元没有花掉，到了 2010 年，CPI 上涨了 5%，这就意味着这个人现在用这 1000 元买到的商品及劳务服务在 2009 年时只用 950 元就可以买到。可以看出，CPI 一旦上升，老百姓手里的钱的购买力就会下降，趋于贬值，所以人们都不希望 CPI 指数升幅过高。

据国家统计局 2010 年 12 月 11 日的数据显示，2010 年 11 月我国的 CPI 指数高达 5.1%，尽管随后几个月 CPI 指数有所回落，但仍处于较高水平，而到 2011 年 3 月 CPI 指数已经上涨到 5.4%。CPI 的不断上涨给人们的生活带来了极大压力，同时也给国家的相关政策调控带来了严峻的挑战。

CPI 指数为什么居高不下呢？以北京为例，2011 年北京市的房价超过全国平均水平，而数据显示，北京市 2011 年 2 月的 CPI 涨至 5.3%，达到 2008 年 9 月以来的最高点。根据北京市统计局、国家统计局调查显示，北京 CPI 涨幅不断攀高的主要原因就是房租上涨。我国的 CPI 构成中，居住占 13%，影响还是非常大的。

复利：神奇的“数字魔法”

金融学 72 法则，用作估计将投资倍增或减半所需的时间，反映出的是复利的结果。

——金融常识

随着经济社会的不断发展，人们的生活水平也在不断提高。除了满足正常的日常生活开销外，人们手里还有不少的钱，于是，就会产生一个话题——是把这些钱放在银行里，还是拿出来投资呢？对此，很多人都拿不定主意。但是现在不用愁了，我们将会用神奇而实用的“72 法则”来解除你的烦恼。

投资领域有句话说：如果你会使用“72 法则”，你将有更高的概率成为富人。那么，什么是“72 法则”呢？

“72 法则”指的是以 1%的复利来计算，经过 72 年后，本金会变成原来的 1 倍。同时，用 72 去除复利收益率，就能得到本钱翻一番的时间。其实，“72 法则”的神奇之处就在于能够帮助投资者选择最合适的投资方式，使得投资者能够得到丰厚的回报。

下面的例子会让你直观地感受到“72 法则”：

1. 假如某企业的年均收益增长率为 20%，需要多少年才能使该企业实现年收益翻一番的目标呢？

运用“72 法则”，可以得知，3.6 年之后企业的收益就翻了一番。

2. 假如某企业在 9 年内年均收益翻了三番，那这 9 年间的年均收益增长率为多少呢？

根据“72 法则”，9 年财务收益翻 3 番，也就是平均 3 年翻一番，年均收益增长率就为 72/3=24，也就是说，该企业 9 年内的年均收益增长率为 24%。

3. 假如某人现有 2 亿元人民币，如果想在 5 年内变为 8 亿元，应该选择每股复利为多少的投资产品才能达到这个目标呢？

根据“72 法则”可以算出，当年收益率为 28.8%时，初始投资额为 2 亿元人民币经过 2.5 年后会变成 4 亿元，再经过 2.5 年后，会实现 8 亿元的收益。

如果将“72 法则”延伸开来，我们还可以利用这个法则计算出自己实现最终投资收益的合理时间。比如说，某人希望以每年 8%的增长率积累财富，并且在 35 岁时达到 100 万元的资产，那么根据“72 法则”，72/8=9，也就是说，最终实现目标所需的时间将是 9 年。因此，这个人必须在 26 岁时就开始投资，这样才能在 35 岁实现目标。

除了可以计算投资收益的合适时间，“72 法则”还可以用来计算货币的贬值时间。比如说，通货膨胀率现为 3%，那么 72/3=24，也就是说，24 年后你手里的 100 元钱只能买到现在 50 元钱能买到的商品或劳务服务。

这个法则对于投资人，特别是初学投资的人来说是非常重要的，也是最佳的参考标准。比如说，某投资人有 10 万元用于民间借贷投资，而民间借贷公司的投资回报率为每年 12%，利用“72 法则”就可以计算未来几年后其资金会翻一番，即 72/12=6，也就是说，该投资人投资此民间借贷 6 年后可以获得 10 万元收益。

“72 法则”的用处还有很多，比如可以帮助投资人找到最合适的投资方式。例如，某投资者现在手里有 50 万元人民币，他希望投资 30 年后金额变为 200 万元。利用此法则，我们就可以帮助该投资人找到最合适的投资方式。首先，需要计算该投资人 30 年后本金翻一番所需要的投资收益率，即为 72/30=2.4，也就是年均收益率达 2.4%。该投资人的初始投资金额为 50 万元，期望值为 200 万元，也就是翻了两番，所以投资人选择年均收益率达到 2.4% × 2=4.8%的投资方式就可以实现预期目标。从现在的市场行情和经济环境来看，投资者可以选择一些收益比较固定的投资方式，如银行理财产品、国债等。

当然，“72 法则”计算出来的数值与精确计算出来的数值相比仍有一定误差，但通过测算比较，误差不到 1%，还是比较小的。所以，当手里没有复利表或者计算器时，简单实用的“72 法则”可以解燃眉之急。而且，年轻人利用此法则，更容易明确投资目标，适时作出规划，实现自己的梦想。

在生活和投资决策中，“72 法则”是一种很神奇而实用的工具。投资者掌握了“72 法则”，就等于掌握了投资效果，掌握了投资品种的收益率，掌握了投资方向，掌握了最优的投资方式，从而轻松赢得财富。

不要忽视货币的实际购买力

购买力（purchasing power）是取得收入之后购买货品和服务的能力。它反映该时期全社会市场容量的大小。

——金融常识

购买力指的是商品的购买能力，也就是在一定时期内用于购买商品的货币总额。在现实社会中，购买力指的就是用一定数量的货币所能购买到的商品或劳务服务的数量。总体上讲，货币购买力的大小取决于社会生产的发展和国民收入的分配。购买力是一个国家经济实力的象征，同时也是居民生活的保证。

一般来说，社会购买力会随着社会生产的增长而不断提高，但国民收入中积累与消费比例关系的变化也会对购买力产生直接影响。这也就是说，人们收入增加会拉动消费增长，购买力就会不断提高。

我国的社会购买力主要包括居民购买消费品的货币支出、农民购买农业生产资料的货币支出、社会集团购买力。那么，为什么购买力作为消费的经济能力、货币的支付能力，会有一种赢得礼遇、赢得尊敬、赢得微笑的力量呢？

道理其实很简单，在这个交易频繁的经济社会，每个交易过程都能够衍生出就业、生存机会，并带动人们的消费，是一种互利双赢。只要你消费了，你就是他/她的衣食父母。

从某种角度来说，购买力其实就是一种实力的象征，大到一个国家，小到一个人都是如此。可以说，购买力是一种强大的“武器”，它可以赢得礼遇和尊重。试想，如果一个人或一个国家有足够强的购买力，这个人或这个国家在社会或国际上的地位显然会有所提升。

生产力大于消费力

> 20多个行业的产能过剩，钢铁、水泥、多晶硅等行业尤为严重。在世界经济形势仍不明朗的情形下，这意味着目前这一轮周期释放的过剩产能难以被快速消化，中国经济在相当长的一段时间之内可能都将处于去库存、去杠杆化的阶段。
>
> ——赵晓（经济学家、北大光华管理学院经济学博士）

产能过剩是实体经济中的一个重要问题，是金融危机的致命杀手。每当金融危机爆发时，产能过剩必定会成为人们关注的焦点。到底什么是产能过剩呢？产能，也就是生产能力，指的是在计划期内，生产企业参与生产的全部固定资产在一定的组织技术条件下所能生产的产品数量，或者能够处理的原材料数量。对产能过剩这个概念的理解，主要有以下3种认识：

第一种，产能过剩是一种总量概念

产能过剩就是生产能力的总和大于消费能力的总和，即供过于求。有人反对这种说法，他们认为，产能是不能简单地将设备数量相加而衡量的。比如说，钢铁行业是一个多工序连续作业的行业，需要多方面的配套设施，只有在各方面条件都具备的情况下，才能实现正常生产。按照市场变化的情况来看，产品结构调整时，产能如果能发挥到85%左右，就可以说是正常状态，而不能把它称作产能过剩。

第二种，产能过剩是一个相对概念

这种说法认为，产能过剩的标准，并不能通过生产能力和总供给量的多少来衡量，而应该看市场需求有多少。由于市场需求是会变化的，所以并不容易精确估测。因此，这种说法认为，要想认定产能过剩，不仅需要纵向对比产量的增长过快、过猛，还需要考虑在多大范围内、多长时间内有效需求的大小等，只有这样才能认定是否出现产能过剩。

第三种，产能过剩是一个结构性概念

对于这种概念的理解，可以举一个例子来说明。

中国西北部的某个小城一直以来并没有彩电制造业，而如今该城为了加快城市发展，需要新建20家彩电制造厂。但现在，可能有50家这样的厂子加入进来，特别是随着市场的快速发展、生产技术门槛的降低，还会有更多的厂子同时进入市场，这样就会导致产能过剩。

世界银行副行长兼首席经济学家林毅夫在接受新华社记者采访时说，全球金融危机之所以转化为实体经济危机，其根源就是产能过剩。他指出，美国经济在金融危机爆发之前曾有6年高速增长，但是投资集中在房地产和制造业，造成这两个行业产能过大，而现在大家将目光仅仅聚焦在金融危机上是不全面和不准确的，不管金融危机的爆发是不是实体经济引起的，但可以肯定的是金融危机已经转化为实体经济危机。所以，要想有效地化解这次危机，就必须妥善处理好产能过剩的问题。

从林毅夫的话中可以看出，现在产能过剩不仅是金融危机的制造者，同时也是实体经济危机的罪魁祸首。

我国目前的六大产能过剩行业分别是：钢铁行业、水泥行业、风电设备制造业、乙烯行业、煤化工行业和多晶硅行业。

为什么我国会出现这么多产能过剩的行业呢？想要解决这个问题，首先就需要找到产生这个问题的原因并对症下药。导致产能过剩的原因主要有以下几个方面：

1. 地方政府干预过多。地方政府的过度干涉使得各地形成了恶性投资竞争，其结果是产能扩张难以得到抑制。

2. 很多企业自主创新能力差、技术水平低。企业自主创新能力差，只能依靠资源投入和产出的数量来扩张，产品缺乏质量上的竞争力，只能靠价格的竞争来维持生存。

3. 产业集中度不高。由于体制等方面的历史原因，一些技术和资本密集型的行业在长期的市场竞争中并没有形成垄断竞争的市场结构，这些行业因市场投资过度的问题而出现产能过剩。

产能过剩会带来一系列十分严重的后果，比如不利于经济发展方式的转变、不利于环境保护的加强、不利于经济结构的调整、会增加金融风险等等。当今，产能过剩已成为威胁我国产业大局的一个十分严重的问题，所以必须拿出一系列切实有效的应对措施，这样才能避免产能过剩所带来的可怕后果。措施如下：

1. 积极推进经济结构调整。产能过剩不仅是挑战，也是机遇。所以，应当牢牢抓住这一机遇，发挥出产品资源和环境约束两个倒逼机制（倒逼机制是指国有企业投融资功能不足，引起政府投融资行为对其进行强制替代，进一步导致银行信贷资金经由财政流向国有企业，形成倒逼的贷款，而国有企业因为财务软约束，容易形成对银行的不良负债，对银行来说就是不良资产。倒逼机制是形成国有企业债务累积，阻碍政府投融资行为转型的重要原因）的作用，以推进结构调整和产业升级。

2. 加快经济增长方式转变。加快经济增长的方式有很多，比如我国应大力发展循环经济。以焦炭为例，当前我国钢铁企业用焦量只占焦炭产量的 80%左右，其中仅有 33%的生产能力是在钢铁企业内，其他的都在独立焦化生产企业。同时，大部分的煤炭产区都集中了大批生产企业，并远离产品的用户，这与一些发达国家正好相反。所以，应当积极探索钢铁行业发展循环经济的路子，实现煤炭资源的综合利用，使之在缓解能源紧张问题的同时又可以加快循环经济的发展，这对于我国经济的长远发展有重大现实意义。

3. 提高产业集中度。很多行业的很多企业均各自为战，极容易导致产能过剩。所以，应当鼓励钢铁行业内有实力的大型企业以资源和市场为纽带，采取跨所有制、跨地区的兼并和联合重组，从而有效促进钢铁行业产业集中度的提高。

4. 政府要不断改善宏观经济管理。国家发展与改革委员会新闻发言人李朴民表示，为了改变产能过剩的局面，国家将会制定一系列推动产业结构调整和加大宏观经济调控力度，引导产业持续健康稳定发展的重要举措。

财产性收入是富裕的指标

财产性收入必然会涉及各种投资，除了实业投资等，还包括金融产品投资，涵盖储蓄、债券、保险和股票等。

——尚福林（中国证监会主席，多次受邀在北大做演讲）

2007 年 10 月召开的十七大的报告提出“创造条件让更多群众拥有财产性收入。保护合法收入、调节过高收入、取缔非法收入，逐步扭转收入分配差距扩大趋势”。自此以后，财产性收入这个新名词就成了公众关注的焦点。那么，到底什么是财产性收入呢？财产性收入是指通过资本、管理和技术等要素与社会生产和生活活动相结合所产生的收入。它主要包括出让财产使用权所获得的租金、利息、专利收入等，以及财产营运所获得的红利收入、财产增值收益等。

财产性收入被认为是一种衍生性财富，是衡量一个国家市场化程度和国民富裕程度的重要指标，也是我国建设全面小康社会的一个重要条件，但只有在拥有财产并允许财产参与分配的基础上才能完全实现。自改革开放以来，我国经济得到持续健康稳定及高速发展，老百姓积累了越来越多的财富，有了一些财产性收入，但尚在某些方面存在一定问题。当前，财产性收入主要体现出以下 3 个特点：

1. 城乡居民财产性收入高速增长。在政府积极政策的带动下，随着人们财产的增多和投资理财意识的增强，人们在利息收入、股息和红利收入等各方面都有了大幅度的增长，这带来了财产性收入的高速增长。

2. 财产性收入占全部收入的比重仍然偏低。当前，虽然财产性收入的增速不断加快，收入渠道也趋于多元化，但财产性收入占我国整体收入的比重仍然很低。财产性收入对城镇居民收入的贡献还非常小，这不仅体现在低于经营净收入的贡献上，更体现在低于转移性收入和工薪收入的贡献上。

3.与国际水平相比，财产收入比重更低。目前，我国居民财产性收入所占比重不到 3%，而美国公民财产性收入占可支配收入比重约为 40%，这是因为 90%以上的美国人都拥有股票、基金等有价证券。当前，我国的投资渠道较少，股票投资成为人们财产保值增值的重要渠道，只是股市涨跌不定，投资人的收入也无法稳定。所以，尽管整个社会财富在不断迅速增长，但是普通居民所拥有的财产性收入增长速度仍然滞后于别的国家，特别是发达国家。

所以，积极增加居民的财产性收入，提高居民的消费能力，从而有效拉动内需，刺激经济增长，已成为我国目前经济发展的一个重要内容。

国家要想提高居民的财产性收入，就应当建立正常的工资增长额度，并缩小贫富差距，提高公共保障、就业保障的覆盖面等有效机制，这样才能使居民的收入得到有效保障，才能做到藏富于民。此外，国家还应努力创造更多增加居民财产性收入的途径、渠道和领域。

1. 深化金融体系、土地制度改革。在农村，努力推动和深化土地制度改革，以促进土地的流转和变现，从而使农民获得稳定的收入；在城镇，要深化金融体系改革，拓展居民金融投资渠道，提高居民的利息、股息和红利等财产性收入。

2. 鼓励人们进行多元化投资。股市涨跌不定，如果只在股市大量投资，搞不好就会亏损严重，甚至血本无归。所以，应鼓励人们进行多元化投资，例如既可投资股市，也可投资保本型人民币理财产品、货币型基金、存款等多项金融产品。虽然可能某些人民币理财产品的年收益率较低，但是不用担心因为一个篮子破了，就摔碎了所有的鸡蛋。

3. 深化收入分配制度改革。不断深化收入分配制度改革，才能确保初次分配的公平公正，从而使广大群众有更多的劳动收入向财产性收入转化。

4. 提高居民的理财水平。有句话说得好："你不理财，财不理你。"所以，要培养、提高人们的理财、投资意识，使普通老百姓能成为会投资、懂理财的行家，并通过多渠道的投资增加自己的财产性收入。

5. 营造一个更加公开透明的投资市场环境。随着国家经济的持续健康稳定及高速发展，人们的生活水平已经有了很大的提高，中国股市的发展也受到人们的普遍关注。但是，由于诸多历史遗留问题和制度性缺陷等因素，我国资本市场仍然存在很多问题，所以应该努力营造一个更加公开透明的投资市场环境，保证居民投资畅通无阻，从而实现财产收益。

第三章

企业经营的最佳筹码
——永远稀缺的货币

企业的发展离不开资本的驱动。每个企业都要经历起步创业、成长扩张、持续经营等发展历程，这些历程永远与融资和投资相伴。虽然说资金不是万能的，然而没有资金却是万万不能的。资本来源于融资，融资的目的是为了发展投资，企业的融资离不开金融市场。

融资：企业扩张的必由之路

融资和投资是一对“孪生兄弟”，投资是目的，融资是手段。

——金融常识

金融租赁公司是怎样帮助企业激活资金的呢？企业要添设备，可以先用再付钱；企业缺资金，可以先把设备卖掉再租回来用。

例如，南京的孙进喜在 2000 年正式注册成立了南京凯丰印刷有限公司，并于 2001 年将公司搬到了大校场路。“干了这么多年了，不能老是这个规模。”孙进喜总是想着要把他的公司做大做强。

孙进喜尽心费力地筹备了 200 多万元，而这仅够买一台印刷质量和效率都一般的国产印刷机器。但是，在新机器到厂后的两年多时间里，他发现印刷产品的质量和效率都没有增长，投资回报率微乎其微。于是，2004 年孙进喜通过对市场的考察和调研后，决定进口德国海德堡的印刷设备。但是，进口设备较贵，光一台设备就要 800 多万元，2001 年购买国产印刷机器的 200 万元都是费力筹集来的，钱从哪儿来呢？没有办法，孙进喜只好去找银行。尽管他跑了很多家银行，但是没有一家愿意贷款给他，理由都是：投资风险太大，市场不看好。

后来，一个偶然的机会，孙进喜了解到金融租赁这个方法。于是，2004年底，孙进喜与江苏金融租赁有限公司开始了第一次合作。

江苏金融租赁公司的主要业务有两种：一种是直接租赁，另一种是回租。孙进喜选择了直接租赁。具体情况是，由南京凯丰印刷有限公司支付德国海德堡设备总价款的60%，剩下的40%由江苏金融租赁有限公司支付。两年后，租金全部付清，设备也归凯丰公司所有。

2005年，孙进喜决定再引进一台德国海德堡印刷设备。这次，江苏金融租赁有限公司加大了支持力度，南京凯丰印刷有限公司只支付了30%的设备价款，剩下的70%由江苏金融租赁有限公司支付。

后来市场越来越好，需求也越来越旺盛，但是相关的配套设备仍未跟上。孙进喜又开始琢磨购买配套设备了。此次，江苏金融租赁有限公司没有让他出一分钱，而是以全额资金支持他购买第三台配套设备。

2008年，南京凯丰印刷有限公司年缴税达100多万元，而在几年前，其全年销售额也不过百万元，引入融资租赁后，企业的发展速度大幅度提升。

上面这个例子讲的就是金融租赁，那金融租赁到底是什么呢？

金融租赁指的是以租赁物件的使用权与所有权相分离为特征的新型融资。也就是，由出租人按照承租人的需求，并按双方事先的合同约定，向承租人指定的出卖人购买承租人所指定的固定资产，在出租人拥有该固定资产所有权的前提下，以承租人支付所有租金为条件，将一个时期的该固定资产的占有、使用和收益权让渡给承租人。这种租赁具有融物和融资的双重功能。

一般来说，民营中小型企业开展设备租赁业务更容易获得成功，例如孙进喜的南京凯丰印刷公司。这主要有 3 点原因：一是民营中小型企业在引进设备前都会对市场做一个较为充分的调研论证，并且租金的缴纳较有保障；二是如果民营中小型企业违约不缴纳租赁费，那么对该企业的处置可以完全按照市场规则来办理，较少受其他经济因素的干扰和影响；三是商业银行在信息网络、经营网点、专业人才和管理制度等各方面都具有开展租赁业务的优势。

我国融资租赁起步非常晚，3 年前才跻身于金融机构行列。同时，大多数租赁公司都有银行股东背景，要想让这些公司在短期内改变其银行融资的附属地位是比较难的，因为这些租赁公司只是起着简单的资金通道作用。

企业融资指的是以企业为主体融通资金，使企业及其内部各环节之间的资金供求从不平衡到平衡的一个运动过程。金融租赁只是企业融资的一种形式。

企业内部筹资渠道指的是在企业内部开辟出资金来源。一般来说，从企业内部开辟资金来源有 3 个方面：一是企业自有资金；二是企业应付的税利和利息；三是企业未使用或未分配的专项基金。在企业并购中，企业一般都尽可能选择这一渠道，因为采取这种方式保密性较好，也不必向外部支付借款成本，因此风险相对很小。

此外，融资模式还有风险投资、信用担保、民间融资、自然人担保贷款、典当融资等。

在 2011 年 3 月的一次中国投资年会上，上海市有关负责人表示要把上海建设成国际金融中心，就必须把发展 PE（私募股权投资基金）、VC（风险投资基金）等资产管理业务摆在一个更加重要、更加突出的位置。

上海在地方立法中将争取对这些机构的法律支持，还将允许浦东等部分区县进行先行先试，并在税收和工商注册等多个方面给予相应的政策支持。

PE（私募股权投资基金）、VC（风险投资基金）都属于风险投资。通常来讲，风险投资最适合具有广阔发展空间和良好市场前景的中小型高科技企业发展、科技含金量较高的产品或者项目，如生物工程、半导体、通信等行业。这些中小型高科技企业在创业之初，或在产品工艺研发阶段以及进入相关市场前期，会急需资金，此时 PE、VC 则是一条比较好的渠道。这种风险投资可以让这些中小型高科技企业在创业初期、产品研发阶段和市场进入前期尽快得到。

VC（Vetlture Capital，风险投资基金）是一个约定俗成的具有特定内涵的概念。顾名思义，风险投资必定是伴随着高风险、高收益的投资。广义的风险投资泛指一切具有高风险、高潜在收益的投资；狭义的风险投资则指以高新技术为基础，生产与经营技术密集型产品的投资。根据美国全美风险投资协会的定义，风险投资是由职业金融家投入到新兴的、迅速发展的、具有巨大竞争潜力的企业中一种权益资本。从投资行为的角度来讲，风险投资是把资本投向蕴藏着失败风险的高新技术及其产品的研究开发领域，旨在促使高新技术成果尽快商品化、产业化，以取得高资本收益的一种投资过程。从运作方式来看，其是指由专业化人才管理下的投资中介向特别具有潜能的高新技术企业投入风险资本的过程，也是协调风险投资家、技术专家、投资者的关系，利益共享、风险共担的一种投资方式。

PE（Private Equtlity，私募股权投资基金）俗称私人股权投资基金。它和私募证券投资基金不同的是，PE 主要是指定向募集、投资于未公开上市公司股权的投资基金，也有少部分 PE 投资于上市公司股权。PE 一般关注于扩张期投资和 Pre~IPO 的投资，注重于投资高成长性的企业，以上市推出为主要目的，希望企业能够在未来少至一两年，多至三五年内可以上市。

资本结构：企业融资能力的标杆

> 不同资金来源的组合配置产生不同的资本结构，导致不同的资金成本、利益冲突及财务风险，进而影响到公司的市场价值。如何通过融资行为使负债和股东权益保持合理比例，形成一个最优的资本结构，这不仅是股东和债权人的共同目标，也是长久以来财务管理和金融理论研究的重点。
>
> ——金融常识

中国建设银行在香港上市，表明我国几大商业银行的资本结构近几年正在建立一种新的演变趋势，即在资本扩大的同时，资本结构从单一向多元化转变。那么，资本结构是什么意思呢？多元化结构会对我国商业银行的发展产生什么影响呢？

资本结构指的是长期负债与普通股、特别股、保留盈余等权益的分配情况。最佳资本结构就是能使股东的财富最大化或者股价最大化的一种资本结构，也是公司资金成本最小的资本结构。资本结构又称企业融资结构，它反映的是企业债务与股权的比例关系，并在很大程度上决定着企业的债务偿还能力和再融资能力，是企业财务状况的一项重要指标。合理的融资结构可以降低融资成本，以发挥财务杠杆的调节作用，进而使企业获得更大的自有资产收益率。

资本结构从不同角度可分为多种类型，其中最主要的有两种——资本的期限结构和资本的属性结构。前者指的是不同期限资本的价值构成及其比例关系，后者指的是企业不同属性资本的价值构成及其比例关系。资本结构存在不同的价值基础主要有 3 种：一是资本的市场价值结构，即企业资本是按照现实市场价值基础计量反映的一种资本结构；二是资本的账面价值结构，即企业资本是按照历史账面价值基础计量反映的一种资本结构；三是资本的目标价值结构，即企业资本是按照未来目标价值反映的一种资本结构。

从资本结构的定义来看，其表现的是企业负债和所有者权益之间的关系。据此，我们可以进一步对它进行层次分类。根据企业负债是由长期负债和流动负债构成的，相应地形成长期负债结构和流动负债结构；而所有者权益是由投入资本和企业积累资本组成的，相应地形成投入资本结构和积累资本结构。通常来说，企业负债的构成是用来分析资本结构和资产结构之间的适应性和平衡性的，并由此确定资本的种类是保守型平庸型，还是激进型。

对企业来说，资本构成具有战略意义。因为所有者权益及其构成和比例关系能够很具体地表明企业资本结构的风险程度、成本水平以及弹性大小。但需指出的是，投入资本结构的组成内容能够表明企业的性质。在我国，一个企业的投入资本一般不是由单一渠道获得的，通常会包括法人资本、个人资本、国家资本和外资资本等渠道。不同渠道来源的资本比例具体地规范了企业的性质。比如某企业的投入资本结构中，国家资本达到控股水平，该企业就属于国家所有企业。相应地，可以按照其他各种资本达到控股水平来确定该企业的性质。

资本结构的构成内容不同，企业的性质也将不同，这也对企业的生产经营等产生不同影响。这种影响主要体现在以下两个方面，而这也是衡量企业资本结构是否优化的重要因素。

1. 成本要素。也就是资金成本，它指的是企业筹集资金的融资费用和使用费用。

2. 风险要素。通常来说，主权性风险要小于负债性风险。

中国建设银行股份有限公司于 2004 年 9 月 21 日在北京正式挂牌成立，共同发起的企业是中央汇金投资有限责任公司、中国建设银行投资有限责任公司、上海宝钢集团公司、国家电网公司和中国长江电力股份有限公司。这 5 家发起人出资总额合计人民币 1942.3025 亿元，且全部由等额股份构成，股份总数是 1942.3205 亿股，即每股面值为人民币 1 元，折股比例为 1∶1。其资本结构构成为：中央汇金投资有限责任公司代表国家出资人民币 1655.38 亿元，占公司股份总数的 85.23%；中国建设银行投资有限责任公司出资人民币 206.9225 亿元，占公司股份总数的 10.65%；上海宝钢集团公司出资人民币 30 亿元，占公司股份总数的 1.5%；国家电网公司出资人民币 30 亿元，占公司股份总数的 1.5%；中国长江电力股份有限公司出资人民币 20 亿元，占公司股份总数的 1.03%。

中国建设银行股份有限公司的 5 家控股公司虽然都是国有企业，但其股份中仍有其他所有制股份成分。通过这种间接控股法，5 家公司掌握了对中国建设银行股份有限公司的控制权。同时，这 5 家控股公司均由国家控股，所以说国家全盘控股中国建设银行股份有限公司。

该公司的其他战略投资者主要是国外的金融机构，特别是国际金融巨鳄。

2005 年 9 月，美国银行和新加坡淡马锡控股有限公司（私人控股公司）的全资子公司亚洲金融控股私人有限公司完成了所购的中央汇金投资有限责任公司持有的中国建设银行股份的首次交割。该交割完成后，美国银行和亚洲金融控股私人有限公司分别持有中国建设银行 9.0%和 5.1%的股份。2005 年 10 月 27 日，中国建设银行在香港联交所市场成功上市，成为国有商业银行中首家上市银行，其募集资金达人民币 725.5 亿元，而其注册资本和实收资本增加为人民币 2246.89084 亿元。

由此可知，中国建设银行上市时的资本结构为：核心资本（也就是国有股）为人民币 1942.3025 亿元，由于汇率影响，此时资本贬值为 1521.3904 亿元，占总资本的 67.71%；国外资本共计 316.8116 亿元。由此推出其他投资者的股份为人民币 408.6884 亿元，占投资资本总额的 18.19%。这表明中国建设银行仍然牢牢地控制在国家的手中。

中国建设银行资本结构的多元化，不仅会增强公司的抗风险能力，提高其资产收益率，而且公司的治理以及经营管理水平也会因境外战略投资者的引进而得到不小的提升。中国建设银行紧紧依托过去外汇外贸专业银行的牢固基础，充分发挥已有的和进一步拓展的海外优势，在充分利用自身国际化运作的机构规模、历史经验和娴熟技术的同时，及时抓住国际发展机遇，利用国际投资组合盘整这一特定的变化时期，充分发挥了外汇资本结构优势、经验积累优势，使自身的资本结构和效益都产生了新的提高和飞跃。

其实，在 2005 年 9 月中国建设银行成功引进国外战略投资者时，外资合作意向看重的是中国建设银行的国际化趋势以及与国际接轨的优势局面。

2009 年，美国从中国建设银行收入 1300 亿元人民币，这是建立在中国建设银行业务不断成长的基础上的。由于国外资本的股权不能出卖，只能获得红利，所以这一收益只是总收益的一部分。

将“危机”扼杀于萌芽状态

风险管理当中包括了对风险的量度、评估和应变策略。理想的风险管理是一连串排好优先次序的过程，使当中的可以引致最大损失及最可能发生的事情优先处理，而相对风险较低的事情则押后处理。

——金融常识

20 世纪 50 年代，美国的一些大公司遭受了重大损失，这些公司的高层决策者们开始认识到风险管理的重要性。比如说，1953 年 8 月 12 日通用汽车公司在密歇根州的一个汽车变速器厂因火灾而损失高达 5000 万美元，这也是美国历史上因火灾而导致公司损失严重的 15 起火灾之一。这场大火，以及 20 世纪 50 年代的其他一些偶发事件一起推动了美国风险管理活动的兴起。

随着经济、社会和科学技术革新的迅速发展，人们开始面临越来越多、越来越严重的各类风险。不可否认，科学技术的不断进步给人类带来了巨大的利益、生活的便利，但同时也给社会带来了前所未有的风险。例如，1979 年 3 月，美国的三里岛核电站发生爆炸事故；1984 年 12 月 3

日，美国联合碳化物公司在印度的一家农药厂发生了严重的毒气泄漏事故；1986年，举世闻名的苏联乌克兰切尔贝利核电站发生了一系列核事故。这些都让全球为之哗然，同时也大大促进了全世界范围内风险管理的发展。美国的一些商学院里出现了一门新型管理学科——风险管理，主要研究如何对企业的人员、财产、财务资源等各方面资源进行保护。

风险管理又被称作危机管理，它是一个管理过程，主要包括对企业风险的确定、评估、度量以及企业在发展过程中应付风险的相关策略。风险管理的目的，顾名思义，是要把可以避免的风险减至最小，使成本和损失能够最小化。

一般来说，理想的风险管理是一连串排好优先次序的过程，使可以引起最大损失和最有可能发生的事情得到优先处理，而那些风险相对较低的事情或者发生概率较小的事情则押后处理。但是，这个优化的过程在现实中往往难以决定，因为风险引起的损失大小与发生的可能性常不一致，所以通常需要权衡两者的比重，从而作出最合适、最合理的决定。同时，风险管理还要面临一个难题，那就是有效资源的运用，因为这会涉及机会成本（Opportunity Cost）因素。把资源用于风险管理，可能会减少运用于回报活动的资源，而理想的风险管理则正是希望能够花最少的资源而尽可能地去解决、化解最大的危机。

风险管理的基本程序包括风险的识别、风险的估测、风险管理方法和风险管理效果评价等几个环节。

1. 风险的识别。风险的识别指的是每个经济单位或个人对其所面临的以及潜在的风险加以判断，然后归类整理，并且对风险的性质进行鉴定的一个过程。

2. 风险的估测。风险的估测指的是在风险识别的基础上，通过对之前收集的大量详细的损失资料进行分析，运用概率论和数理统计等方法，估计和预测出风险发生的概率以及将会达到的损失程度。风险估测的内容主要包括两方面：一是损失频率；二是损失程度。

3. 风险管理方法。风险管理方法可以分为两大类：一是控制法，目的是降低损失频率和损失程度，重点是改变引起风险事故和扩大损失的各种条件；二是财务法，在事先就做好相关的吸纳风险成本的财务安排。

4. 风险管理效果评价。风险管理效果评价指的是比较和分析已经实施的风险管理方法所产生的后果与预期目标的契合程度，并据此判断该风险管理方案的科学性、适应性和收益性。

下面，我们来看一个例子。

自 2008 年金融危机以来，海尔公司为什么能够逆市更上一层楼呢？这在很大程度上得益于该公司强化并创新风险管理、重视内控以及风险管理体系的建立和完善。

风险的源头是战略，确定了战略，就能锁定全部风险。企业风险的规避方法有预算管理、财务管理、有效授权、投资管理、人事管理和风险监控等，通过制定风险管理体系可以很好地量化企业的各项风险，并有效地制定风险防范方法，进而降低经营风险。不仅如此，战略层风险管理需要集团化和国际化。目前，海尔公司已经在 30 多个国家和地区建立了贸易公司和设计中心，在全球有 10 多个工业园区，所以其风险管理必须提到公司最高层的决议上来。

海尔公司风险管理手段主要有以下 4 个方面：

首先，在国际化运作中，海尔公司的理念是“出口创牌”。

其次，在国际化扩张的道路上，海尔公司实施了整体兼并、品牌运作、投资控股和虚拟经营等手段。兼并扩张的一项基本原则就是“总体一定要大于局部之和”，而且必须实现兼并一个成功一个，这样才能最大限度地优化资源配置。

再次，海尔公司通过建立财务公司，按产业集团对外汇资金进行集中管理，同时还将金融风险控制模型注入集团产业，全面地构建了产业集团资金风险控制体系，从而提高了集团公司整体的风险防范能力。

最后，“东方亮了再亮西方”，也就是战略经营方向实行多元化战略。但其共多元化扩张是建立在有前提、有条件和讲方针的谨慎态度基础之上，这本身就是一种有风险意识和防范措施的立场。

海尔公司应对本次金融危机主要有以下3种具体思路：一是对商业模型进行创新，实施零库存下的即需即供。二是实施机制创新，建立“人单合一”的自主经营体系，从而增强了核心竞争力，并有效提高了抗风险能力。三是实施产品创新，为用户提供有效解决问题的方案。

同时，海尔公司注意搞好国内市场和国外市场这两大市场，“老乡要深化，老外要升级”。国内市场方面，随着家电下乡工程的实施，紧紧依靠营销网、服务网和物流配送网深挖农村市场；国外市场方面，需要通过高端产品和高附加值产品来占领主流市场和主流渠道。

风险管理是一个全员内控理念。它已不局限于公司内部财务部门、审计部门和法律部门等各部门，而是无论从领导层面到董事会层面，到经理层面，再到员工层面，还是从公司战略层面到执行层面，再到各个职能业务层面，企业的各个层面都应具有全面风险管理意识。

在海尔集团公司，平衡风险被提高到与平衡股东、平衡经营等同样的高度。金融危机发生后，海尔集团及时有效地采取了各种风险对策，比如在全国取消仓库、根据订单生产。大家熟悉的海尔冰箱，一年有几千万的产量，但是库存量几乎为零，这虽然在一定时期内会增加管理难度，但在战略上是非常必要的，因为这样可以增加企业的现金流，也有效地减少了风险。

并购：企业合作共赢的典范

企业并购（Mergersand Acquisitions，M&A）包括兼并和收购两层含义、两种方式。国际上习惯将兼并和收购合在一起使用，统称为 M&A，在我国称为并购。企业之间的兼并与收购行为是企业法人在平等自愿、等价有偿基础上，以一定的经济方式取得其他法人产权的行为，是企业进行资本运作和经营的一种主要形式。企业并购主要包括公司合并、资产收购、股权收购 3 种形式。

——金融常识

什么是企业并购？企业并购指的是企业之间的兼并与收购行为，是建立在企业法人平等自愿和等价有偿的基础上，并通过一定的经济方式取得其他法人产权的一种行为，这是企业进行资本运作和经营的一种主要形式。

企业并购包括兼并和收购两层含义和两种方式，主要包括公司合并、资产收购和股权收购 3 种形式。

从不同角度看，企业并购可划分为不同的类型。

向社会大众融资的机会

上市即首次公开募股（Initial Public Offerings，IPO），指的是企业通过证券交易所首次公开向投资者增发股票，以期募集用于企业发展资金的过程。当大量投资者认购新股时，需要以抽签形式分配股票，又称为抽新股。认购的投资者期望可以用高于认购价的价格售出。

——金融常识

2000 年 10 月 18 日和 2001 年 8 月 8 日，中国石化相继在中国香港、纽约、伦敦和中国上海 4 个地方上市，成为我国第一家在境内外 4 地上市的公司。之后的 10 年里，中国石化累计向国家上缴税费达 7402.45 亿元人民币，并向广大投资者累计分红达 1040 亿元人民币。以中国石化为核心资产的中国石化集团由 2000 年在《财富》500 强排行榜的第 58 位攀升至 2010 年的第 7 位，这在中国和整个亚洲的企业排名中均位居第一，中国石化成为世界第二大油气生产商、第二大炼油公司，其加油站总数也位居世界第二位。由这些数据我们可以看出企业上市后的巨大融资能力。

那么，什么是企业上市呢？企业上市指的是股份公司首次向社会公众公开招股的发行方式。IPO 新股定价过程分为两段：一是通过合理的估值模型来估计上市公司的理论价值；二是通过选择合适的发行方式来体现市场的供求关系，并由此确定股票最终价格。

根据我国《公司法》的相关规定，股份有限公司申请其股票上市必须符合以下条件：

1. 股票经国务院证券管理部门批准已向社会公开发行。

2. 公司股本总额不少于人民币 5000 万元。

3. 开业时间在 3 年以上，最近 3 年连续赢利；原国有企业依法改建而设立，其主要发起人为国有大中型企业的，可连续计算。

4. 持有股票面值达人民币 1000 元以上的股东人数不少于 1000 人，向社会公开发行的股份达公司股份总数的 25%以上；公司股本总额超过人民币 4 亿元的，其向社会公开发行股份的比例为 15%以上。

5. 公司在最近 3 年内无重大违法行为，财务会计报告无虚假记载。

6. 符合国务院规定的其他条件。

企业只有在满足了上述条件的前提下，才可以向国务院证券管理审核部门及交易所申请上市。

首次公开招股指的是一家股份公司第一次将该公司的股票向公众出售。通常来说，上市公司的股份应根据向相应证券交易所出具的招股书或者登记声明中约定的条款，通过经纪商或做市商进行销售。所以，一般来说，公司公开上市完成后，就可以申请到证券交易所或报价系统进行挂牌交易。

另一种取得证券交易所或报价系统挂牌交易的可行性方法是在招股书或登记说明中约定私人公司将它们的股份向公众销售。这些股份是可以

“自由交易”的，从而使公司达到在证券交易所或报价系统挂牌交易的条件。大多数证券交易所或报价系统在上市公司拥有最少自由交易股票数量的股东人数方面有着硬性规定。

企业上市是经济发展的必然产物。推进有条件的国有企业上市，可以突破国企发展过程中所面临的“瓶颈”问题，为企业的做强做大奠定基础。所以企业上市有其积极作用，主要体现在以下 5 个方面：

1. 为企业的发展开辟了稳定的融资渠道。企业上市可以获得投资者们的直接投资，大大降低了企业的融资成本，同时也增强了金融机构对该企业的信心，为企业的进一步发展壮大提供了资金来源。

2. 有效地推动企业建立现代企业制度。企业上市后会变成公众企业，必须建立规范合理的经营管理机制，并不断完善公司的治理结构，从而提高企业的运行质量，提升企业的管理水平，进而使企业的层次得到提升。

3. 可以使企业股东的财富急剧增值。企业在上市前，股东的原始投入是相对较低的，而上市后，股票价值经过市值计算，股东的股票价值就会获得之前数倍、数十倍甚至数百倍的巨大增值。

4. 有利于重要生产要素的吸纳。企业上市后可以利用股票期权等方式有效地实现对公司管理层和员工的激励，这将有助于公司引进优秀人才和先进技术等，并有效激发员工的工作热情，增强企业的发展潜力。

5. 可以扩大企业的影响力和知名度。企业在发行上市的过程中，可以通过市场推介活动向广大投资者们和资本市场展现自身综合实力，而挂牌交易以及之后持续的信息披露也将源源不断地展示出企业的良好形象，从而提高企业在市场上的地位和影响力，企业的知名度将因此而扩大，产品品牌形象也得以提升。

但是，企业上市也会带来一些法律问题，主要有4个方面：一是公司的控制权将会被削弱；二是只要上市必然会有必要的成本付出；三是上市后，受到的监管必然会增多；四是上市后，商业信息可能会被监管者知悉。所以，企业是否上市需要相关管理者慎重权衡。

有舍才有得的股权融资

> 股权融资是指在企业的股东愿意出让企业部分所有权的前提下，通过企业增资的方式而引进新股东的融资方式。股权融资是一种较为现实、便捷、易于操作的融资方式。在股权融资时需要注意把握对企业的控制权。
>
> ——金融常识

2004 年，张毅去云南旅游，当地的工艺品深深地吸引了他。回北京后，张毅拿出自己辛辛苦苦积攒的 10 万元钱，开了一家云南工艺品店。经过一段时间的努力经营，他的小店赢得了不错的口碑。

到了 2007 年，张毅想开一些连锁店，却发现自己面临一个问题，那就是资金短缺。在这种情况下，张毅自然而然地想到了去融资。

经过一番精打细算之后，张毅决定以出让自己小店 45%的股权来为自己开连锁店融资。随后，他把想要寻找投资人的这一意向刊登在报纸上。信息刊登出来后，找他的人络绎不绝，经过一个月的挑选，张毅最终选择了一个和自己一样有着云南情结的人作为合伙人。通过融资，张毅的连锁店开了起来，他的云南工艺品小店也得到了长足发展。

什么是股权融资呢？由上述例子可知，股权融资是直接融资的一种，它指的是在企业的股东愿意出让企业部分所有权的前提下，通过企业增资的方式引进新股东的融资方式。通过股权融资所得到的资金，企业并不需要还本付息，因为这已经是新股东的股份了，但新股东将会和老股东一样共同分享企业发展所带来的增长和赢利。股权融资的特点决定了其用途的广泛适用性，因为它既可以用于企业的投资活动，也可以用于充实企业的运营资金。

长期以来，人们都存在一个误区，认为股权融资是大企业干的事，而与中小企业、中小投资者、中小创业者毫不相干。其实情况并非如此，股权融资并不是大企业的专利，它同样适用于小企业甚至是小本创业者，张毅融资的例子便是实证。所以，无论是对大型企业，还是对中小企业、中小投资者和中小创业者来说，股权融资都是一种较为现实、便捷、易于操作的融资方式。只是在进行股权融资时，需要注意对企业控制权的把握。

在争夺创业企业控制权方面有一个非常成功的案例，那就是当当网的创始人李国庆及其团队，他们利用巧妙的战术，实现了对当当网绝对控股51%的心愿。

1999 年底，当当网正式成立，当时国内的互联网公司大多处于亏损状态。在很多投资者眼里，此时的互联网行业看不到希望，当当网却在2002 年实现了营收的基本平衡，在 2003 年更是实现了完全赢利。在逆境中强势发展的当当网让李国庆及其团队开始为争取当当网的控股权而不懈努力。他们采取的方法和策略主要表现在两个方面：第一，在 2003 年 6 月，也就是当当网全面赢利时，李国庆及其团队向当当网的三大原始股东美国数据集团、日本软银和卢森堡剑桥提出了一个要求，希望三大原始股东将当当网增值部分的 50%作为创业股份奖励给他和他的管理团队。但这一要求遭到了三大原始股东的强烈反对，他们都认为李国庆和他的团队要价太高。第二，在要求得不到满足的情况下，李国庆及其团队当即采取了另一个措施，他们马上宣布另起炉灶，开办一个和当当网竞争的公司，并且立即把这一消息散布出去，给三大股东一种“不达目的誓不罢休”的感觉。

当当网由李国庆和他的创业团队一手做起来，三大原始股东在公司创业和发展期间一直没有插手公司的运营，他们对网上书店并不熟悉和精通，对中国市场更是缺乏了解。三大原始股东深知，李国庆及其团队一旦离开公司，这家刚刚走入赢利阶段的当当网必然会垮掉，如果李国庆及其团队又开办一家公司与当当网竞争的话，那势必如雪上加霜。所以三大原始股东都认为，相比给予李国庆及其团队创业股份奖励，从而让他们成为当当网的控股大股东，当当网垮掉所带来的损失势必更大。与此同时，美国老虎基金看好当当网的前景，正准备进入。对老虎基金来说，它自然不希望当当网失去其创业和发展的管理团队，更不希望李国庆带领他的团队离开当当网另起炉灶与当当网竞争。

在此有利形势下，李国庆及其团队推动美国老虎基金出面与当当网的三大原始股东进行谈判。最后三方达成协议，由美国老虎基金出面，向当当网的三大原始股东美国数据集团、日本软银和卢森堡剑桥购买当当网的部分股份，并转赠给李国庆和他的管理团队。

就这样，李国庆及其团队成功实现了他们的目的，他们的做法真可谓一石三鸟，成功至极。首先，当当网的三大原始股东得到了“给个台阶下”的机会，并通过美国老虎基金获得了可观的股权溢价套利，这种结局对当当网的三大原始股东来说损失是最小的；其次，美国老虎基金由此获得进入当当网的机会，并补全了在中国的投资产品线，这对于美国老虎基金来说，自然是一件好事；最后，也是最重要的，李国庆及其团队持有的股份由原来45%的股份增至51%，从而牢牢把握住了当当网的控股权，这对李国庆及其团队来说，可谓如愿以偿。

对此，李国庆说过这么一句话：“一定要绝对控股，没有51%绝对不行! 企业不是由资本创造的，而是由企业家创造的。如果不控股，人人都有可能被董事会开掉。”可以说，李国庆的成功案例为现在很多的年轻人在创业之初该如何更好地利用股权融资树立了典范和榜样，很值得年轻创业者们学习。

之所以强调创业者在股权融资时一定要重视对企业股权的控制，就是为了保护创业者的利益。年轻人自己创业，不仅仅是为了赚钱，更多地是为了圆自己的一个梦想，为了实现自己的理想和抱负。创业后，其必然会对自己一手创办的企业感情深厚，而中途加入的投资者，则大多数是为了赚钱。由于两者目的不同，双方看问题的出发点和角度肯定会存在较大差异，容易产生矛盾。李国庆的成功案例告诉我们，企业不仅能够成为赚钱的工具，同时又可实现梦想，所以创业者们只有牢牢掌握住企业的控制权，才能更好地实现自己的梦想，更好地实现心中美好的蓝图。

用别人的钱办自己的事

中国现代企业一个重大难题就是中小企业贷款难，融资难。这与体制陈旧和金融体系落后是密切相关的。一方面是千万企业需要资本，一方面是很多资本转化为游资和高利贷，二者没有形成有效的链接，社会财富增速受阻。转为高利贷的资本会破坏企业，转为游资的资本则大多在炒楼和炒股。因此，只有彻底扭转银行体系向国企和央企倾斜的做法，为千千万万的中小企业提供信贷资金，才能扭转这一危局。

——朱大鸣（著名财经评论人和企业家、北大 MBA 校友）

融资的方式有很多种，像股权融资和债券融资等融资方式，看起来很美，但在实际操作过程中会受到很多限制。对于绝大多数的中小企业、中小创业者和中小投资者来说，他们只得望洋兴叹，根本就是不得其门而入。那么，就没有哪种融资方式可以解决融资难这个问题吗？实际上是有的，银行贷款就能满足中小企业、中小创业者的资金需求，不仅如此，很多大型企业也经常采用银行贷款这种融资方式。

银行贷款是指银行以一定利率将资金贷放给资金使用者，并且在约定时间内收回本金和利息的一种经济行为。

从资金的获得途径来看，债券融资和贷款融资都同属于债权融资，而不是股权融资，因为这样的资金并不会稀释企业经营者对企业的控制权。当前，我国的资本市场还不够完善，就债权融资而言，直接融资渠道相对较为狭窄，银行贷款仍然是企业债权融资最常采用的一种融资方式。

从获得资金的途径来看，债券融资与股票融资一样，同属于直接融资，而银行贷款则属于间接融资。在直接融资中，需要资金的部门直接到市场上融资，借贷双方存在直接的对应关系。而在间接融资中，借贷活动必须通过银行等金融中介机构进行，由银行向社会吸收存款，再贷放给需要资金的部门。

在企业的所有融资渠道中，银行贷款所占的比重最大。企业对融资的需求不同，它们所选择的融资渠道也会不同，例如某企业需要风险低而又成本小的资金，那么银行贷款显然是最合适的，因此企业特别是中小型企业要想解决资金困难并且取得经营成功的重要手段就是合理利用银行贷款，并建立良好的银企关系。

下面就说说银行贷款的特点和企业申请银行贷款需要的条件。

银行贷款的特点

银行贷款作为一种有着悠久历史和显著效果的融资方式，具有如下 4 方面特点：

1. 银行贷款主要条款的制定只需要获得银行的同意，而不需要经过国家证券管理部门等主管或监管机构的批准，手续比较简单，融资速度比较快。

2. 银行贷款由银行、企业借贷双方直接商定贷款条件，不需要大量的文件制作，不需要广泛的宣传和推广，企业的融资成本很低，而且贷款利率一般低于债券融资利率。

3. 银行贷款的利息可以计入成本，这将会取得税前抵押效应，可相对而有效地减轻企业的税负。

4. 如果经济状况发生变化，需要变更贷款协议的有关条款，企业和银行，即借贷双方可以比较灵活地协商处理。而其他融资方式，例如债券融资，可能会因为债券持有者比较分散而导致协商或谈判的成本增高很多，而且协商或谈判的周期也会比较长。

银行贷款的条件

银行贷款并非无条件就能随便贷得到的。俗话说得好："没有规矩，不成方圆。"毋庸置疑的是，银行为了降低经营风险和保护自身财产安全，保证存贷款的正常流转，肯定会制定一些相应的保护性条款，如一般性保护条款、特殊性保护条款以及例行性保护条款等，这些保护性条款也自然而然成了银行贷款的约束。

根据中国人民银行《贷款通则》的规定，借款人必须是经工商行政管理机关（或主管机关）核准登记的企（事）业法人、个体工商户、其他经济组织或者具有中华人民共和国国籍的具有完全民事行为能力的自然人。

企业申请银行贷款，必须要具备以下条件：

1. 申请银行贷款的企业必须经过国家工商行政管理部门批准设立，登记注册，且持有营业执照。通常来说，经过县或县以上的工商行政管理部门批准设立，依法登记注册，且持有营业执照的企业都可以申请并取得银行贷款。

2. 申请银行贷款的企业必须遵守政策法规和银行信贷、结算管理制度，并按规定在银行开立基本账户和一般存款账户。

3. 申请银行贷款的企业须实行独立经济核算，企业自主经营、自负盈亏。实行独立经济核算也就是说企业应该具备独立从事生产、商品流通和其他经营活动的能力；且有独立的经营资金、独立的财务计划与财务报表；并能依靠自身的收入来补偿支出，能够独立地计算盈亏、独立对外签订购销合同。如此，这个公司才有偿还能力，才能保证贷款的安全性。

4. 申请银行贷款的企业自身需要有一定数量的自有资金，这是企业从事生产和经营活动的重要条件。企业自有资金水平的高低反映了企业自我发展能力的大小，也决定了企业发展能力的强弱，同时也是衡量企业偿还债务能力以及承受风险能力的重要条件。假如企业自有资金不足，一旦发生损失，必然危及银行贷款，从而会使信贷资金遭受损失。

5. 生产经营有效益。如果企业的生产经营没有效益，其债务偿还能力势必较弱，必然会危及银行贷款。

6. 产品有市场。企业生产经营的产品必须是市场上所需要的产品。

7. 企业必须恪守信用。企业获得银行贷款后，必须严格履行贷款合同规定的各项义务，如按规定用途使用贷款，按合同规定期限偿还本息。

8. 企业不挤占挪用信贷资金。企业须按照贷款合同规定用途使用贷款，不能随意改变用途，挤占挪用信贷资金。

企业申请银行贷款除了以上 8 个基本条件外，还应该符合以下要求：

企业应有按期还本付息的能力。除自然人或者不需经过工商行政管理部门核准登记的事业法人外，应当已经在工商行政管理部门办理了年检手续；除国务院相关规定外，股份有限公司和有限责任公司对外股本权益性投资累计额未超过其净资产总额的 50%；申请中期、长期贷款的新建项目企业法人所有者权益与项目所需要的总投资比例应不低于国家规定的投资项目的资本金比例；之前应付贷款利息和已经到期的贷款须已经偿清，如果没有偿清，需制订贷款人认可的偿还计划；借款人的资产负债率应当符合贷款人的要求。

我国商业银行等金融机构逐渐从贷款额度管理而改为资产负债管理，随着这一变化的深入，金融机构对企业，特别是中小型企业的贷款变得更为小心谨慎。与此同时，在当前竞争日益激烈的市场环境中，企业的经营和生产存在着更高的信用风险和经营风险。所以，中小型企业要想通过银行贷款这种方式融资还是存在一定难度的。

因此，中小型企业应该学会充分利用各种融资工具，采取多种融资方式，从而提高自身的融资能力。同时，商业银行也应提供多种融资工具和丰富的结算产品，使融资方式趋于多元化。企业，特别是中小型企业也应该学会有针对性地选择融资工具，从而达到降低资金成本，提高经营效益的目的。

高风险高回报的风险投资

以前曾把风险投资比喻成养猪专业户，现在可以把风险投资机构比喻为男人，把融资企业比喻为女人。女人要想征服男人靠什么？靠魅力；男人要想征服女人靠什么？靠实力。就风险投资公司而言，其实力体现在资本实力和增值服务上；对于融资企业而言，其魅力体现在自主创新能力上。自主创新是实现二者速配成功的关键。

——单祥双

（北大创业投资研究中心常务副主任、著名投融资专家）

在金融学中，制定所有政策都无法回避的一个问题就是风险控制。如何以最低的风险换取最大的利益、如何平衡风险和收益，是所有投资者关注的焦点。但是实际上，有一种投资就是以高风险和高回报著称的，这就是风险投资。

风险投资是一种以公司等组织形式设立，以私募方式筹集资金，并投资于尚未上市的新兴中小型企业，特别是新兴高科技企业的投资形态。它以高风险和高回报著称，一般来说需要 4~6 年才可能收回投资，而在此期间通常是没有收益的。所以说，一旦失败了，那就血本无归；而如果成功了，将会获得丰厚的回报。

风险投资在很多大家耳熟能详的著名企业的成长过程中都曾扮演了极为重要的角色，例如蒙牛集团。1999 年 8 月，牛根生成立了内蒙古蒙牛乳业股份有限公司。成立之初，启动资金仅有 900 万元，但是牛根生通过整合内蒙古 8 家濒临破产的奶制品企业，成功盘活了这 8 家公司的七八亿元资产，仅在当年就实现销售收入 3730 万元。

正当蒙牛呈现生机勃勃的发展势头时，牛根生意识到在乳品这个快速消费品市场如果只依靠自有资金进行滚动发展，很有可能会错失良机，于是他作出了引进战略投资者的决定。

2002 年 9 月，蒙牛的发起人在英属维尔京群岛注册成立了金牛，与此同时，蒙牛的投资人、雇员和业务联系人也注册成立了银牛。金牛和银牛各自拥有开曼群岛公司 50%的股权，毛里求斯公司则是开曼群岛的全资子公司。到了是年 10 月份，美国摩根、英联、鼎辉这 3 家国际投资机构以认股方式向开曼群岛公司注资约 2597 万美元，折合人民币约 2.1 亿元。这笔资金获得了开曼群岛公司 90.6%的股权和 49%的投票权，并经过毛里求斯公司最终换取了我国大陆蒙牛公司 66.7%的股权。

大批从事高新技术商品化和产业化活动的风险企业在风险资本的大力支持下如雨后春笋般涌现出来。这些风险企业有的是因为研制了新产品而开创了一个新行业；有的则引进了一些新技术或关键技术，从而使得它们所处的传统行业旧貌换新颜。这些企业得到风险资本的投资后，在市场上得到了进一步发展，其生产出来的新产品和新劳务推向了千家万户，这不仅改变了经济社会结构，同时也改变了人们的生活方式。

一般来说，风险资本投资的企业都是具有较高成长性的企业，因为这些企业所获得的利益是一般人难以想象的，也是一般传统行业难以达到的，所以很多风险投资家为了暴利而不顾一切。自然地，高风险、高回报的风险投资有失败者，也有成功者。成功者会因为他们投资的企业不断发展壮大而获益匪浅，失败的风险投资家们则损失不小。所以，我们一定要知道收益永远是和风险如影随形的，风险的背后不一定都有收益。因为对风险估计不足而失败的投资案例有很多，下面我们就介绍一个。

1998 年到 2000 年间，美国高盛集团及其他一些投资者向美国的一家网上杂货零售商 Webvan 投资高达 8.5 亿美元。一般来说，投资者们投资这种种子期的公司，通常的做法都是以低价买进，然后把公司推向公众市场，最后退出，从中获取大量利益。但是这一次，美国高盛和华尔街的一些投资者们却看走了眼。Webvan 公司的概念很吸引他们，这家公司通过网络销售杂货，可让顾客永远不用去市场或者商店购买。只是，Webvan 公司太心急了，一开张就急着到处开店营业，需要大笔的资金投入，虽然投资者们投入了 8.5 亿美元，但仍然不够，因为开支要比投资大得多。最终，这家公司失败了，而美国高盛集团和华尔街投资者们的风险投资也失败了。

风险投资总是高风险和高收益并存的，但风险投资者们为什么要如此贪婪高收益呢？其实，风险投资者们也可以选择其他一些投资，比如说天使基金。

天使基金指的是那些专门投资于种子期、创业初期的企业的一种风险投资。天使基金主要是为那些正在萌芽中的中小型企业提供种子资金，帮助它们脱离苦海，摆脱灭亡的威胁，因而是面目最慈祥的风险资金，从而得到了天使这样崇高的名称。

天使基金在美国最为发达。其最青睐的自然是成长性很高的高新科技企业或者项目，这些项目的收益率通常都在 50 倍以上，还不乏百倍、千倍的，甚至超过万倍的回报也并不少见。值得一提的是，某些天使基金的资金来源是自己的存款，而不是金融机构或其他人，所以从这个层面上来说，他们都是资本市场里腰缠万贯的慈善家。很多著名的具有这种风险投资理念的高新技术领域的跨国企业曾经都得到过天使基金的眷顾，比如我们熟知的微软、谷歌、百度等等。下面，就以百度为例。

1999 年创立的百度公司得到美国硅谷 120 万美元的风险投资，公司总裁李彦宏带着这些资金在中关村创办了百度公司。

2005 年 8 月 5 日，百度在美国纳斯达克上市，发行价为 27 美元 1 股，刚一上市，股价就一路狂飙，最高达 151.21 美元每股，收报 122.54 美元，这比发行价上涨了整整 354%。这不仅创下了自 2000 年互联网泡沫以来，纳斯达克市场首日最高的上市涨幅，更是美国股市 231 年来外国上市公司股票上涨的最高纪录，百度因此成为美国历史上上市当天收益最多的十大股票之一。

百度这些风光的成绩都与风险投资的支持分不开，除了创办初期得到美国硅谷 120 万美元风险投资外，百度公司还于 2000 年和 2004 年分别获得了 1000 万美元和 1400 万美元的风险投资。上市后的百度公司再度融资 1 亿美元。但是百度公司总裁李彦宏只把第一笔 120 万美元的资金称为天使基金，他表示正是这一笔关键性的投资成就了今天的百度公司。

第四章
金融市场的诱惑
——奇迹这般发生

人人都期盼在投资市场上一夜暴富，在这巨大利润的驱使下，他们会忽略相对应的巨大风险，从而冒险进入。你是否有这种念头？如果有的话，恭喜你！说明你内心已经有了开启金融殿堂的“金钥匙”。但是，进入金融市场时，投资者要谨记，不论做什么样的投资，金融知识不能不懂。摸黑前行，栽跟头就不可避免。

钱生钱的交易场

金融是现代经济运行的核心和血液，金融对经济的支持和调控作用日益明显。

——周小川（中国人民银行行长，多次受邀在北大做演讲）

金融市场是资金供应者和资金需求者之间通过信用工具进行交易而融通资金的市场。在金融市场中，市场主体可以实现货币借贷、资金融通、办理各种票据以及有价证券交易等金融活动。

金融市场的形成基础是信用工具。信用工具是指以书面形式发行和流通，借以保证债权人或投资人权利的凭证。信用工具可以分为商业信用工具，如各种商业票据等；银行信用工具，如银行券和银行票据等；国家信用工具，如国库券等各种政府债券；社会信用和股份信用工具，如债券、股票等。信用工具的作用就是证明债权的合法性，保障资金供应者和需求者之间的融资行为能够顺利进行。信用工具是商业信用发展的产物。一开始，这些信用工具只存在于商品买卖双方，并不具有广泛的流动性。随着商品经济的进一步发展，在商业信用的基础上才产生了银行信用，进而形成了金融市场。

金融市场对经济活动的各个方面都有着直接而深刻的影响，比如个人财富、企业经营、国家经济运行效率都取决于金融市场的活动。

金融市场的功能主要表现在：有效动员和筹集资金；合理配置和引导资金；灵活调度和转化资金；分散风险、降低交易成本；实施宏观调控。由此可见，金融市场不愧为经济发展的“润滑剂”。

中国的金融市场起源于清朝山西的票号。事实上，在票号产生以前，中国社会就已经出现了各种类型的金融机构。1823 年，随着著名票号“日升昌”的成立，票号引领着其他金融机构共同奠定了中国金融市场的基础。然而，封建社会的性质制约了中国金融市场的发展，票号最终并没有成功转型成为现代化银行，也未能实现抵御西方侵略、捍卫民族经济的抱负。

历史的车轮走到今天，新中国已经建立起自己的现代化银行体系和金融市场。目前我国的金融市场总体运行还算平稳，同时正在逐步走向国际化。尽管总体形势是好的，但仍然存在一些问题。

第一，金融市场成熟度不够。一个成熟的金融市场应当符合下列标准：好企业随时通过丰富的融资产品与渠道进行融资；长期投资者能够得到合适稳定的回报；市场价格基本合理；市场参与者遵守规则。但目前中国金融市场尚未达到这些标准。

第二，利率和汇率市场化不够。我国正处于转型经济阶段，利率、汇率市场化的进程受到诸如金融机构自我约束能力、央行宏观调控能力、国际收支状况以及资本项目开放的风险防范能力等因素的制约，与发达国家相比还有较大差距。

第三，金融市场主体竞争力较弱。发达的现代金融体系是央行有效执行货币政策和汇率政策的基石。目前，我国金融系统仍以四大国有银行为主体。股份制改革已完成，但整体的运行机制和风险管理能力仍存在极大的需要进步的空间。

第四，金融风险防范机制不健全。目前，我国的金融监管机构通常只注重国内的金融监管与风险防范，对国际金融风险的防范还需加强。

第五，金融市场尚不完备。除了传统的银行信用间接融资外，仅仅局限于同业拆借业务和票据承兑业务，发展很慢。

面对这些问题，我们需要加大改革力度，加快中国金融市场开放的步伐。

首先，面对市场化、全球化、信息化和入世带来的各种挑战，银行要不断进行业务创新和产品服务创新。利率与汇率是金融市场的核心，只有形成市场化的价格基准，才能有效配置各类资源，金融改革才能彻底并持续、有效地服务于实体经济。在一个开放的金融体系中，只在部分地区开展利率和汇率市场化试点容易带来资金冲击，引发金融不稳定，不宜小范围试点推行。从这个角度来说，当前金融改革更应加强整体规划、全国共轨，推动金融改革与利率汇率市场化协调并进。

其次，需要健全金融风险防范机制，应做到以下几点：第一，要加强金融监管，建立完备的金融风险识别、预警和控制体系。第二，要加强风险监管，建立健全金融监管协调机制；根据定性和定量指标确定风险水平或级别，根据风险水平或级别及时进行预警；建立对高风险金融机构的判断和救助体系；建立对支付危机的处置体系。第三，要加强有效金融监管的制度建设，健全金融企业内控机制，健全金融监管法规，严格监管制度，建立对违规者的追究机制，依法规范金融行为。第四，要建立符合国际惯例的金融会计准则，建立健全的信息披露制度，强化和完善信息披露制度。

最后，完备金融市场，首先政府或监管部门要建立健全相关政策或法规规范金融市场；其次，在社会上应该有效借助媒体的力量，大力宣传有效的金融市场的重要性，帮助人们摆脱传统观念，意识到投资的重要性。

风险与机遇并存的资本市场

作为中央银行，中国人民银行将加强与中国证监会及其他监管机构的合作，一如既往支持资本市场的改革发展。

——周小川（中国人民银行行长，多次受邀在北大做演讲）

资本市场是金融市场的组成部分，是长期资本交易的场所，因此有人称其为“长期金融市场”。长期资本指的不是别的，正是我们熟知的股票、债券和证券投资基金。

各大金融机构是资本市场的资金供应者，如商业银行、保险公司、投资公司、信托公司等。资本市场的资金需求者主要为国际金融机构、各国政府机构、工商企业、房地产经营商等。

在资本市场上，资本的出让期一般在1年以上，这便是资本市场被称为长期金融市场的原因所在，也是它与短期货币市场和衍生市场的区别。由于资本市场的资金多用于解决中长期融资需求，流动性相对较差，因此资本市场是一个高风险、高收益的市场。

下面我们来看一则有关资本市场的案例，以便对资本市场的运营有一个更加直观的认识。

为了遏制近年来中国房价飞速上涨的势头，2010 年 4 月以来国家采取了楼市调控政策，这一政策在各地推行之后，房地产市场受到了严重的冲击，各地成交量一片惨淡。随着国内房地产融资渠道被收窄，整个房地产行业的资金链承受着巨大压力，这样便自发地形成了一个巨大的资金需求市场。2010 年下半年，包括港资、美资在内的各路资金登陆中国，抢滩市场。

2011 年 5 月 24 日，大型地产企业佳兆业集团称，他们将在 2010 年 4 月发行了 3.5 亿美元于 2015 年到期 13.5%的优先票据的基础上，进一步发行本金总额为 3 亿美元的额外于 2015 年到期 13.5%的优先票据。这些票据的第一认购人为华人置业集团的两个全资附属公司，它们分别认购 9000 万美元和 6000 万美元，其余的 1.5 亿美元则由第二认购人、华人置业的大股东刘銮雄认购。

从优先票据的发行上可以看出，佳兆业计划在现有项目的基础上进军中国其他地区，发行额外票据所得的款项则是用于收购新土地储备资金以及注资房地产项目。很多业内人士认为，刘銮雄和华人置业之所以对佳兆业施以大量资金支持，是因为看好内地房地产市场行情，而佳兆业良好的发展趋势也满足了刘銮雄和华人置业对资本回流和增长的需求。

近年来，越来越多的香港房地产企业选择与内地联手开发房地产项目。刘銮雄与他们不同，他选择了做基础投资者以及购买优先票据。因为无论是基础投资还是优先票据，都属于资本运作，均直接指向股权，而只有股权才是产生资本利润的“硬通货”。

与刘銮雄不同的是，内地一线房地产巨头在这样的形势下选择了囤地，同时不放弃继续探求赢利模式：保利在上海、长沙试点养老地产；万科在北京等地投入保障房项目；绿城做全国一流安置房；恒大在三线城市渗透……总之，有实力的房地产企业都在借助这场资本的盛宴努力把“蛋糕”做大。

这些一线房地产企业最终仍然选择赴港融资，以抵御政策波动。它们竞相境外发债，融资利息屡创新高。中国投资人雄厚的实力促进了港股的崛起。到2010年12月中旬，香港证券交易所的IPO筹资金额为528亿美元，是全球2010年IPO金额最高的交易所，而当年第二名的美国纽约证券交易所的IPO总额仅为313.9亿美元。这充分显示了港股在国际股市上的地位。

资本市场的“孪生兄弟”

> 货币政策在一个国家和另一个国家，在一个时期和另一个时期，传导的有效性是不一样的，中央银行制定的是一些大的政策，但它需要通过商业银行，通过金融机构，通过企业，才能反映到整体经济中去，这种传导是否顺畅，是影响货币政策效果的重要因素。
>
> ——周小川（中国人民银行行长，多次受邀在北大做演讲）

货币市场与资本市场同为金融市场的组成部分，与资本市场不同的是，货币市场是短期资金市场，其融资期限在1年以下。货币市场上的金融工具主要是政府、银行及工商企业发行的短期信用工具，具有期限短、流动性强和风险小的特点。

货币市场产生的目的是为了保持资金的流动性，它借助于各种短期融资工具将资金需求者和资金供应者联系起来，既满足了资金需求者对资金的短期需求，又为有闲置资金的人提供了获利机会。

就其结构而言，货币市场包括同业拆借市场、短期政府债券市场、票据贴现市场、证券回购市场等。下面介绍两种主要的货币市场。

同业拆借市场也称同业拆放市场，是金融机构之间用来进行短期资金融通的市场。参与同业拆借市场的除商业银行以及非银行金融机构之外，还有经纪人。

每年年底，银行贷款额度吃紧，客户从银行借不到钱，只能转而求助于民间借贷。各金融机构为满足客户对资金的需求，需要通过同业拆借的办法来融通资金。这一方法主要用于弥补银行短期资金的不足、票据清算的差额，以满足临时性资金短缺的需要。

目前北京、上海的小额贷款公司、典当行和地下钱庄等民间借贷机构不断涌现，利率也水涨船高。由于同业拆借的市场循环速度快，所以其利率是按日计算的，“拆借率”甚至每时每刻都会发生变化。

以上是关于同业拆借市场的基本知识，下面再来看一下短期政府债券市场。

美国政府发行的债务证券期限少于 1 年，是典型的短期政府债券。美国短期国库券通过竞标发售，价格相对面值有折扣，所以不会像大部分其他债券一样支付定额利息。这种短期国库券是国库证券的一种，主要用于弥补财政赤字以及为到期的政府债券提供融资。因为有政府信用作担保，短期国库券几乎没有违约风险。同时因为期限短，有活跃的二级市场可供交易，短期国库券流动性很强，是货币市场中最重要和最活跃的信用工具之一。短期国库券是美国国债的一种。许多人认为中国应当减少美国国债持有量，不应争当美国债主，但是综观国际货币市场，这个问题并没有那么简单。

在国际金融体系中，美国国债的信誉度非常高。它以美国国家财政信誉为担保，在国际金融运作中被看作一种比货币更安全、更方便的支付手段。

同时，由于对外贸易和跨国融资的需要，世界各国对美元资产都有着巨大需求。美国国债具有很高的流动性，能够像活期存款一样随时在规模庞大的美国债券市场上出售、变现，故受到各国中央银行的欢迎。

因此，美国国债的存在已经不仅是为了满足美国政府的财政融资需求，更是为世界提供美元资产的资金供应渠道。目前，美国国债总额的约30%是外国政府持有的，美国国债已成为世界各国外汇储备库中最重要的金融资产。

在经过了欧洲债务危机以及股市动荡的洗礼之后，原本最不起眼的投资品种——国库券开始受到广大投资者的大力追捧。目前，投资者最想购买的就是这种可以随时买卖的高流动性资产。

作为政府重要融资工具的美国国库券，目前收益率上涨了 7.4%，这对于国库券来说已经着实不低了。一般来说，风险总是与收益成正比的，然而美国政府破产的概率极低，国库券往往被称为无风险投资品。因此，美国国库券成了各国中央银行投资的热点。

综上所述，中国选择继续持有美国国债，只不过是顺应了国际货币市场的发展趋势而已。

许多人的发财梦想之地

中国股票市场到2020年股票数量要翻一番，达到4000多家，股票市值要翻四番，达到100万亿。

——吴晓求（经济学家，多次受邀在北大做演讲）

股票市场是已经发行的股票进行转让、买卖和流通的场所，由于它是建立在股票发行市场的基础之上的，因此又被称作二级市场。股票市场的结构和交易活动比发行市场（一级市场）更为复杂，其作用和影响力也更大。

股票市场形成的基础在于股份公司的存在。股份公司在发起时和需要筹集大量资金时，就会面向社会公开发行股票，购买了该公司股票的人就会成为该公司的股东，享受公司的收益，承担公司的损失。购买股票本来属于长期投资，那如何将它变为一种短期投资呢？股票市场的存在和发展使投资股票短期化投资成为可能。在股票市场，投资者可以根据市场变动情况，随时买卖股票，十分灵活。对于投资者来说，通过股票在股票市场的自由流通，可以使长期投资短期化，实现了股票和现金随时转换，增强了股票的流动性和安全性。对于公司来说，由于投资者没有了后顾之忧，可以放心地在股票市场认购股票，从而满足股票发行公司对资金的需求。

在股票市场上，股价是反映经济动向的“晴雨表”。股价是指股票流通市场上各股票的价格，它能灵敏地反映出资金供求状况、市场供求、行业前景和政策形势的变化。对于企业来说，股权的转移和股票行市的涨落是其经营状况的“指示器”，能为企业及时提供大量信息，有助于它们优化经营决策和改善经营管理。

中国大陆第一家成功改制并发行股票的企业是青岛啤酒股份有限公司。1993 年 7 月 15 日上午 10 点，青岛啤酒股份有限公司在中国香港联交所的大厅内上市，标志着中国大陆开始拥有了自己的股票。为了庆祝这一历史性的时刻，在场的人纷纷开启青岛啤酒庆祝，而不是依照惯例开启香槟。

让股民们痛心的是，青岛啤酒在 A 股上市后不久，交易价就跌破了成本价，投资者几乎被全线套牢。好在青啤后来发展得不错，股票价格一路飙升，投资者也获得了丰厚的回报。这就是当年中国股票市场的盛况。

但新中国的股票市场却可以追溯到更早的时候。1990 年 11 月 26 日上海证券交易所成立，1990 年深圳证券交易所试开业。至今 20 多年过去了，中国的股民经历了不少风雨，而中国的股市也在跌宕起伏中不断前行。

2007 年是每一个中国股民都不会忘记的一年。是年的 2 月 27 日，上证综指出现了接近 9%的跌幅，一时间，除了已经在 2006 年末悄然攀升至高位的蓝筹股外，题材股、垃圾股……几乎所有股票都在伺机而动，用“金融大爆炸”来形容这场风波再合适不过。

大梦谁先觉，投资者展开了与 K 线的赛跑。

好消息接踵而至：提高存款准备金率、上调利率、加息……流动性泛滥、资产重估、市盈率、PEG 等，大家争先恐后地涌进交易大厅“开户去”、“开户去”！证券公司每种股票都达到了四五十万的开户数，谁都害怕错过这趟财富之车！

随之而来的是一系列国字号造就的奇迹：工商银行成为全球市值最大银行；中国铝业成为全球市值最大的铝业公司；中国神华成为全球煤炭业老大；万科市值更是超过全美前四大房地产公司的市值总和……在全球市值最大的前 10 家公司中，中国就占了 4 席！

然后好景不长，2008 年中国股市一落千丈，沦为全球最差股市。

很多人都怀疑之前的牛市是美国人下的套，因为根据长线计算，中国股民的钱为美国人民的超前消费埋了单，况且后来的金融危机更说明了这一点。不过由于中国股市的相对封闭性，中国股民的钱并没有像想象的那样被美国的金融大鳄吃干抹净。

期待中的期权交易

> 股票期权需要比较健全的经理和专业人才市场，需要健全的公司法人治理结构，以及健全的资本市场和透明程度高的公司信息披露。此外，完善的《公司法》、《证券法》、《税法》、会计准则等基本的法规框架也必不可少。
>
> ——吴敬琏（经济学家、北大教授）

在亚里士多德的《政治学》第一卷中，记载了一则最古老的关于期权的故事。

哲学家泰利斯因为贫穷而常常遭到别人的耻笑，但是他懂得星象学，有一年冬天，他夜观星象，预测第二年秋天当地的橄榄会遇到百年一遇的大丰收。于是，泰利斯找到当地所有橄榄油压榨机的主人，拿出自己仅有的一点积蓄，付给他们每人一小笔订金，与他们约定，来年秋天他能优先以平常的价格租用他们的压榨机。

第二年，橄榄果然大丰收，对压榨机的需求骤然增加，租金也水涨船高。泰利斯由于事先以低价租下了所有的压榨机，又高价转租给急需压榨机的人，从而发了一大笔横财。这个故事告诉人们：哲学家想致富，真是挡也挡不住。同时，我们也认识到了最古老的“期权”：泰利斯与压榨机主约定的内容，就是一种类似“期权”的权利。

期权是指在未来一定时期可以买卖的权利，是买方向卖方支付一定数量的金钱后拥有的在未来一段时间内或未来某一特定日期以事先规定好的价格向卖方购买或出售一定数量的特定标的物的权利，但不负有必须买进或卖出的义务。故事中，泰利斯与压榨机主约定来年秋天以约定好的价格租用压榨机的权利，就类似于我们所说的期权。

期权市场也叫期权交易所，是指进行期权合约交易的市场。期权交易是指对特定时间内以约定价格购买特定商品的权利进行的交易，最常见的期权交易有外汇、指数、商品等的期权合约。下面我们就来介绍一下股票期权。

我们知道一些美国 CEO 的收入并不亚于一些中小企业老板，其原因就在于，这些企业将公司的股票变成公司内部制定的面向本公司员工的期权。采用这一制度的目的其实有两个：激励员工和留住人才。当股票市价下跌时，公司就收回所发行的旧期权而代之以新期权，即所谓的“掉期期权”。如此一来，虽然其他股东会遭受损失，但手里拿着公司期权的员工却能获利。为了留住人才，许多公司对股票期权附以限制条件，一般是规定在期权授予后 1 年内，经理不得行使该期权，第 2 年至第 4 年（期权持续期通常为 10 年）才可以部分行使。这样一来，当员工在上述限制期内离开公司，就会丧失剩余的期权，因此股票期权又被称为所谓的“金手铐”。现在，这种股票期权制度不仅流行于西方发达国家，中国的很多企业也会向重要员工发放期权，员工也以掌握公司期权为荣。

期权还可以分为看涨期权和看跌期权。看涨期权也叫买进期权，买了看涨期权，买主可以在期权有效期内的任何时间按协定价格向期权的卖主购买事先规定数量的某种证券；看跌期权也叫卖出期权，买了看跌期权，买主可以在期权有效期内的任何时间按协定价格向卖主出售事先规定数量的某种证券。

期权的看涨与看跌基本上由经济形势走向决定。第二次世界大战结束后，直到 20 世纪 70 年代，经济飞速发展，没有人看跌。1977 年，在美国证券交易委员会的严格监控下，看跌期权交易终于出现。

因此，期权的走势基本上还是很明朗的，市场波动的走势基本是可以预测的。一些金融巨头只是由于掌握了庞大的资本，拥有最灵通的信息，并且具有超出常人的判断力，所以才能够在长期的期权交易中获得巨利。

利益共享，风险同担

投资股票型基金做定投永远是机会，但有决心坚持到底才能见功效。

——金融常识

我们刚刚回顾了2007年中国股市的那场牛市以及之后的一落千丈。在那场轰轰烈烈的发财大潮中，太多人将自己的身家投进股市，却只换来发财梦的破碎。但也有少数慧眼识珠的投资者在风暴中保持冷静，选择投资基金，几年过去已然获得了丰厚的回报。2008年股市崩盘后，基金也渐渐被投资者们炒热。究其原因，是由于基金具有保值的特点。

基金有广义和狭义之分。广义的基金是指为了某种目的而设立的一定数量的资金，如信托投资基金、单位信托基金、公积金、保险基金、退休基金以及各种基金会的基金等。狭义的基金指具有特定目的和用途的资金，例如政府和事业单位的出资者不要求收回投资和赚取利润，但要求政府和事业单位按照法律规定或出资者的意愿把资金用在指定的用途上，因而形成了专项基金。我们所说的形成基金市场的基金，是广义的基金。

基金是一种间接的投资方式。基金管理人（公司）发行基金，由基金托管人（银行）托管，基金管理人负责管理和运用这些资金从事金融投资，投资人与基金管理人共担风险、共享收益。

基金管理公司与其他基金投资者一样，也是合伙出资人之一，不同的是它还是投资的牵头人和操作者，所以要从合伙资金中按一定比例每年提取基金管理费作为劳务费。基金管理公司替投资者雇用和管理负责操盘的投资高手（基金经理）以及其他工作人员，定期公布基金的资产和收益情况。基金管理公司的资格以及从事的这些活动都需要由证监会批准。

中国证监会规定，基金资产不能放在基金公司手里，必须存入有资格的银行，建立一个专门账户，由银行负责管账和记账，称为基金托管。银行的基金托管费也得从合伙资产中按比例抽成并按年支付。这一规定保证了基金基本上不会有被偷挪走的风险。

基金的上市与股票上市相似，也是在交易所（证券市场）将基金挂牌出来，按市场价在投资者间自由交易。

中国第一支开放式基金“华安创新”诞生于2001年9月21日，它的诞生对于中国证券市场具有划时代的意义。从此，基金作为“集合资金，专家理财”的投资产品，成为人们又一种投资选择。

华安创新是一种股票型投资基金。其实基金是一个大家族，不仅有股票型基金，还有风险较小的债券型基金、货币型基金，此外还有ETF和FOF（基金中的基金）。

对于普通投资者而言，选择基金时应注意以下几点：首先，看基金管理人，寻找一名值得信赖的基金经理是非常重要的；第二，看基金公司，公司的信誉和实力是投资获得回报的坚强后盾；第三，看基金的招募说明书，重点阅读说明书中对投资方向与投资理念的介绍；第四，看基金的规模与担保人，不要过分贪大，规模适中的基金是最稳妥的选择。

慎重地选择基金后，投资者就不要频繁地申购、赎回。同时还要对基金的投资收益率设定一个合理的个人预期。为了规避风险，保障收益，买基金也要讲究投资组合，均衡投资很有必要，在购买股票型基金的同时还应购买适量的债券型基金，同时为保持资产的流动性，货币型基金也是不可缺少的。

“天使”与“魔鬼”的结合体

作为金融衍生品，股指期货是非常有效的产品，但在扩大收益可能性的同时也扩大了风险的可能性。所以在完全了解股指期货之前，不要贸然进入到这个市场。而在进入市场之前，一定要学习、学习、再学习。

——刘仲元（湘财祈年期货公司首席经济学家）

期货，顾名思义就是规定了在未来某个期限履行的“货”，它与现货相对，是指交易双方现在进行买卖，但在将来进行交收或交割的标的物。期货既可以是某种商品，如黄金、原油、农产品，也可以是金融工具，还可以是金融指标。交收期货的日子由买卖双方共同商定。买卖期货的场所称作期货市场。如果进行期货投资之时期货市场价格较低，交易时价格升高，投资人就能从中获利，反之则会亏损，所以期货也是一个机遇与挑战并存的投资项目。

期货市场大体上可以分为 4 个部分：期货交易所、期货结算所、期货经纪公司、期货交易者。

期货交易所是专门为期货交易提供场所、设施、服务和交易规则的非赢利机构。期货交易所一般采用会员制，入会条件非常严格，各交易所都有其具体规定。

期货结算所是负责期货交易的结算场所，并承担每笔交易的清算和期货合约到期履约等责任。结算所的主要功能是结算每笔场内交易合约、结算交易账户、核收履约保证金并使其维持在交易所需要的最低水平上、监管实物交割、报告交易数据等。期货结算所也是非赢利机构，结算费用主要用于支付结算所的业务开支。

期货经纪公司（或称经纪所）是代理客户进行期货交易，并提供有关期货交易服务的企业法人，在代理客户期货交易时收取一定的佣金。一方面，它是交易所与众多交易者之间的桥梁，可拓宽和完善交易所的服务功能；另一方面，它为交易者从事交易活动向交易所提供财力保证。它一般具备以下业务职能：根据客户指令代理买卖期货合约、办理结算和交割手续；对客户账户进行管理、控制客户的交易风险；为客户提供期货市场信息、进行期货交易咨询、充当客户的交易顾问等。

期货交易者按目的划分，可划分为套期保值者和投机者。套期保值者的目的是利用期货市场进行保值交易，以减少价格波动带来的风险，确保生产和经营的正常利润。做这种期货的人一般是生产经营者、贸易者、实用户等。投机者参加期货交易的目的则恰恰相反，他们愿意承担价格波动的风险，但是希望以少量的资金来博取较多的利润。

让我们追忆一下 17 世纪初的欧洲市场，那时候郁金香热蔓延荷兰，美丽的郁金香及郁金香花球的价格被炒得极高。种植者为了卖个好价钱，采用买入看跌期权和卖出期货的办法。分销商则通过买入看涨期权和期货的方式来保护自己避免受价格上涨带来的损失。很快，想要通过郁金香期货交易获利的投机者也加入了市场。

然而，1636年秋德国市场出现了危机，对郁金香的需求锐减，郁金香的价格也随之坠入谷底。1637年2月，在经过了几个月的疯狂交易之后，市场崩溃了，这场郁金香热最终形成了历史上第一次有记录的经济泡沫。

所以说，在期货市场上，胜败乃兵家常事。对于初入期货市场或入市时间不算长的投资者来说，应当选择自己熟悉的货物领域，并多听取投资专家的建议。

天然的货币投资

货币天然不是金银，但金银天然是货币。

——马克思

黄金是人类最早发现并利用的贵金属之一。黄金由于具有高密度、易延展、不变质等特殊的自然属性，所以被人类赋予了社会属性，正如马克思在《资本论》中所写的那样："货币天然不是金银，但金银天然是货币。"无论人类历史如何变迁、国家政权如何更迭、货币种类如何变更，黄金却因其独特的自然属性而成为价值永存的人类货币。

黄金因具有保值和增值功能而成为投资市场的宠儿。相比于其他金融投资项目，黄金的投资历史更加久远。国际上通行的黄金交易市场比股票市场更加规范，收益也相对更高。

黄金交易与证券交易一样，都有一个固定的交易场所，集中进行黄金买卖的交易场所就是黄金市场。世界各地的黄金市场都由黄金交易所构成，黄金交易所一般设在各个国际金融中心，是国际金融市场的重要组成部分。在黄金市场上进行买卖的黄金形式多样，包括各种成色和重量的金条、金币、金丝和金叶等，其中最重要的是金条。黄金的价格按照纯金的重量计算，也就是以金条的重量乘以金条的成色。

第二次世界大战之后的一段时期，西方国家官方机构的黄金交易绝大部分是用持有的美元通过美国财政部按照黄金官价来兑换黄金。1971 年 8 月 15 日，美国宣布不再对外国官方持有的美元按官价兑换黄金，从此世界黄金市场进入自由市场阶段。由于黄金市场内的金商严守信用，所以黄金市场基本保持着良好的秩序，很少有违规事件发生。

黄金价格的上涨和下跌，是直接影响投资者投资策略的“指示器”。有经验的投资者，首先要从影响黄金市场价格上涨和下跌的原因入手，准确获悉未来黄金市场的走势，力图做到“低买高卖”，从黄金投资中获利。

尽管如今世界很大一部分黄金仍储备在各国政府手中，但是世界黄金市场的参与人主要是民间力量，他们构成了当前世界黄金交易量的 95% 以上。这其中还有很多是首次投资黄金的客户。出现这一情况是由于黄金具有保值性特征，如今的美元因美国经济的不稳定已逐渐丧失其世界货币的地位，投资黄金正好可以应对美元贬值带来的负面影响。

目前，国内黄金投资主要分为两种。第一种是实物黄金交易，即可以提取实物黄金的交易方式。这种交易方式的优势在于投资者可以持有实物黄金，便于个人收藏和馈赠亲友；但缺陷在于实物黄金的保存、运输和鉴定都需要投入额外的费用和精力，紧急情况下还有可能出现难以兑现的问题。第二种是纸黄金交易，即只能通过账面反映买卖状况，不能提取实物黄金的交易方式。纸黄金交易与实物黄金交易相比，不存在仓储费、运输费和鉴定费等额外的交易费用，投资成本较低，同时也不会遇到实物黄金交易通常存在的“买易卖难”的窘境，因此如果期望通过黄金投资获得交易赢利，纸黄金交易是最好的选择。除上述两种交易方式外，黄金投资还有黄金管理账户、黄金凭证、黄金期货、黄金期权、黄金股票、黄金基金和国际现货黄金等种类。

黄金投资是世界上税务负担最轻的投资项目。相比之下，其他很多投资品种都存在一些让投资者容易忽略的税收项目，特别是遗产税。如果想将财产转移给下一代，最好的办法就是将财产变成黄金，然后由下一代再将黄金变成其他财产，这样将彻底免去高昂的遗产税。

2009 年金融危机过后，世界又发生了一次黄金热。对于这次黄金热的风波，郎咸平教授认为，黄金市场的波动是美国人制造的阴谋，理由如下：美国人利用强大的金融手段操纵了一种黄金与美元之间负相关性的关系。也就是说，黄金只是手段，美元才是目的。美国改变策略，操纵金价上涨。要买黄金，必须用美元，所以对中国人而言，要买黄金就要先将人民币换成美元，因此就促成了美元的上涨。这样一来，在金融海啸时，美元便成了唯一可以避险的货币。而人民币跟着美元上涨，导致了中国制造业的灾难。

从长期来看，黄金应呈上涨趋势：第一，经历了 20 年的熊市后，黄金价格仍有上涨的空间；第二，金融海啸以后，货币贬值、通货膨胀、经济衰退等因素奠定了黄金进一步上涨乃至大涨的基础；第三，金融海啸开始后，出现了实物黄金紧张、黄金供不应求的局面。在这轮金融危机中，美国即使在最危险时都丝毫没有动用高达 8600 吨的黄金储备。这是因为美元是全球最主要的流通货币，必须具备足够的黄金抵押物。欧洲各国也在维持和扩大黄金储备，包括对维持欧元有举足轻重作用的德国，以及没有加入欧元体系的英国。

中国与印度也正在大规模购金。有人说这显示出它们正在成为日后重要的独立货币国，也是西方着力培育的新兴增长经济体。

中国大规模增加黄金储备的行为会起到以下作用：第一，短期内刺激金价上扬；第二，引领主权国家购买黄金潮流；第三，对美元称霸世界起到牵制作用。

广大中国投资者也在积极地关注黄金投资领域。在现有条件下，中国的黄金投资者需要稳扎稳打，长期跟进，杜绝投机心理，以做到资产的长期保值。

最大的无形交易市场

中国也可以尝试利用外汇储备，建立一支世界一流的球队。

——史蒂芬·格雷（美国经济学家）

在学习外汇知识之前，我们先来看一道与外汇有关的有趣的数学题。A国与B国因为有政治矛盾，相互对对方的货币进行打击：在A国，1元B币只能兑换0.9元A币；在B国，则1元A币只能兑换0.9元B币。于是，一个聪明的商人就在两个国家间进行兑换货币的活动，具体方法如下，用1元A币在A国兑换1.1元B币，再把1.1元B币拿到B国，兑换1.2元A币，如此循环往复，可以赚得越来越多，并且可以无止境地赚下去。当然，这个故事纯属虚构，现实的外汇市场不可能有如此荒谬的事情发生。

外汇这个词可以作为动词，也可以作为名词使用。作为动词的外汇又叫动态外汇，是指把一国货币兑换成另一国货币以清偿国际债务的金融活动，从这个意义上来说，动态外汇等同于国际结算。作为名词的外汇又叫静态外汇，它泛指一切对外金融资产。中国现行的《外汇管理条例》第三条规定，外汇是指以外币表示的可以用作国际清偿的支付手段和资产。国际货币基金组织对外汇的解释为：货币行政当局（中央银行、货币机构、外汇平准基金和财政部）以银行存款、国库券、长短期政府证券等形式所保有的在国际收支逆差时可以使用的债权。

外汇种类繁多，包括外国货币、外币存款、外币有价证券（政府公债、国库券、公司债券、股票等）、外币支付凭证（票据、银行存款凭证、邮政储蓄凭证等）。

外汇市场是专门买卖外币和以外币结算的有价证券的市场。外汇市场按照外部形态，可以分为无形外汇市场和有形外汇市场。

无形外汇市场是指没有固定、具体场所的外汇市场，也可以叫作抽象外汇市场。这种市场最初流行于英国和美国，因此也称这种外汇市场的组织形式为英美方式。现在，这种组织形式不仅扩展到加拿大、日本等其他地区，而且还渗入到欧洲大陆。

无形外汇市场的主要特点有3个：第一，它没有确定的开盘与收盘时间；第二，外汇买卖双方无须进行面对面的交易，仅凭借传真、电报和电话等通信设备与外汇机构联系；第三，各主体之间有很好的互信，这也是无形外汇交易能够实现的重要保证。

有形外汇市场也称为具体的外汇市场，是指有具体的固定场所的外汇市场，这种组织方式形成于欧洲大陆，因此也称为大陆方式。

投资外汇想要赚钱主要靠两种方法：第一种方法是套期保值，也就是保值性的期货买卖。这种期货买卖与投机性期货买卖的目的不同，它不是为了从价格变动中牟利，而是为了避免外汇因日后汇率的变动而遭受损失。第二种方法是投机，也就是预测价格变动而买卖外汇。在外汇期货市场上，投机者可以预测汇率的变动，进行投机性投资，以期从中获利。

与其他金融市场相比，外汇市场的优势在24小时无休，不存在交易所营业时间的问题，资金流动性极高，几乎无内幕及市场操纵行为等。与期货市场相比，外汇市场有着更高的成交即时性及便利性。与股票市场相比，外汇市场最大的优势在于不论熊市还是牛市，买方或卖方都有同样的获利机会。

老王是北京市的一位兼职“汇民”，已经有两年“汇龄”了。老王的本职工作与金融毫无关系，但自从2009年金融危机后，各种金融投资掀起的“保值”、“升值”热潮，让他产生了投资外汇市场的念头。

2010年初，老王借一次出国旅游的机会特意带回来3000多美元，他没有马上去银行兑换成人民币，而是到银行开设了一个外汇账户，加入了炒汇大军。

刚开始时，老王坐在银行里，看着报汇价大屏幕上各种数据、走势图乱飞，根本找不着头绪。后来，他开始向一些专业人士请教，阅看炒股方面的书。老王从K线图学起，逐步了解了各种技术指标、上升趋势、下降趋势等。

如今，老王已经深深地迷上了投资外汇这一副业，他说：“汇民必须眼观六路、耳听八方，要多关注国际大事，像美国大选、伊拉克战争等大事件都会对汇市走向产生重大影响，决定着手中的外币是抛还是留。”在过去一年，老王在外汇市场上挣到了不下15%的利润。

但并不是每个人投资外汇都会赚钱，究其原因，主要在于他们把外汇交易看作一种不需要努力工作就可以赚到钱的投资。但事实上，任何投资都不可能没有风险，必须时刻保持谨慎态度，严格遵守市场交易原则，才能有备无患。具体说来，要做到以下几点：以闲余资金投资；知己知彼；

切勿过量交易，避免被迫“斩仓”；正视市场，摒弃幻想；一旦决定就不要轻易改变；当机立断，不可拖泥带水；当不能肯定时，暂抱观望态度；忘记过去的价位；学会忍耐；定下止损位置，并严格执行。

第五章

躲在数字游戏下的工具
——纷繁多样的金融机构

在很多人的观念里，银行就是办理存贷款的地方。但是当我们想办理银行业务、保险业务、部分外汇业务时，中央银行却不在被选择之列，而应去那些从中央银行剥离出来的中国农业银行、中国银行等国有商业银行，或者去一些保险公司、信托公司等。

中央银行：金融体系的“神经中枢”

出于最近没有看到物价有明显上涨迹象的考虑，俄罗斯银行暂不考虑加息。

——谢尔盖•伊格内季耶夫（俄罗斯中央银行行长）

中央银行是一个国家金融体系的核心，是全国信用制度的“枢纽”。它在制定和执行货币政策方面起着特殊作用，因此也是国际金融体系的“神经中枢”。

中央银行是代表一国政府调控金融、经济发展的特殊金融组织，世界上的任何一个国家都有自己的中央银行，中国的中央银行是中国人民银行。

在很多人的观念里，银行就是办理存贷款的地方，可是却没听说有人在中央银行开户、存贷款。当我们想把钱存进银行或者要去银行贷款时，可以选择的银行有很多，但中央银行不在被选择之列。其实，中央银行不是不办理贷款业务，只是它的业务对象非平民百姓，而是政府和其他商业银行。

这样看来，中央银行似乎离我们的生活较远，其实不然，我们的生活时时刻刻都离不开中央银行。在我国，中国人民银行是人民币的发行机构，如果哪张人民币上没有印着“中国人民银行”几个字，那它一定是假币。当然，中央银行的作用不仅仅是发行货币，如前所述，它是一国金融系统的“神经中枢”，起着主导其他银行的作用。

让我们来看一看中央银行是如何做国家金融系统的“神经中枢”，又是如何主导其他银行的。

首先，中央银行是国家的银行。中央银行可以代表国家从事金融活动，比如制定和执行货币政策、实施宏观经济调控等。在必要情况下，中央银行还可以向政府提供贷款，帮助政府平衡财政收支。此外，中央银行还保管国家的黄金储备和外汇储备，代表政府参加各种国际金融组织。在有些国家，中央银行还承担着监督管理商业银行的职能。

第二，中央银行是银行的银行。通常情况下，中央银行不与普通的工商企业和个人打交道，只与商业银行和其他金融机构有业务往来。商业银行虽然是银行，但也会有资金周转不灵的时候，这时中央银行就会以“最后贷款人”的形象出现，为商业银行提供流动资金，帮助它们渡过难关。因此，中央银行是许多商业银行的重要支柱和依靠。此外，中央银行还保管着商业银行的存款准备金，保障商业银行稳定运行。为了保证商业银行和其他金融机构票据清算的便利，中央银行还要维护、组织全国票据清算系统。

第三，中央银行是发行货币的银行。在许多国家，货币的发行权掌握在中央银行手中，其他任何组织和个人不得发行货币，中国就是这样的。中央银行要根据经济运行的情况，合理调节市场流通中货币的数量，保障币值的稳定，维持货币流通的秩序。中央银行不能想当然地滥发货币，货币发行过多、过少都不利于经济的运转和人们的正常生活。

中国在清朝康熙年间就出现了中央银行的雏形。1948 年，中国人民银行在石家庄成立。1949 年，中国人民银行迁入北京。1995 年 3 月 18 日，全国人民代表大会通过《中华人民共和国中国人民银行法》。这是中国首次以国家立法的形式确立中国人民银行作为中央银行的地位，它标志着中央银行体制走上了法制化、规范化的轨道，是中国中央银行制度建设的重要里程碑。

现在，中国人民银行主要负责实施货币政策、维护金融稳定和提供金融服务。随着国家对中国人民银行的不断调整，中国人民银行对国家经济发展起到了越来越大的作用。

世界银行：全球范围的放贷者

“我们需要把昨天的混乱抛在脑后，共同关注未来。我相信，世行的好日子依然会向我们走来。”

——佐利克（世界银行行长，受邀在北大做演讲）

世界银行是世界银行集团的简称，它是一个国际组织，其成立的初衷是为了帮助在第二次世界大战中受到战争破坏的国家进行重建。世界银行与国际货币基金组织一样，都产生于 1944 年 7 月的布雷顿森林会议之后。1945 年 12 月，世界银行正式宣告成立，1946 年 6 月开始办理业务，1947 年 11 月成为联合国的专门机构。该行的成员国必须是国际货币基金组织的成员国，但国际货币基金组织的成员国不一定都参加世界银行。

随着时代的发展和人类的进步，今天世界银行的任务已经从当时的帮助受到战争破坏的国家进行重建发展到帮助发展中国家教育、农业和工业设施的建设。它还向成员国提供附带条件的优惠贷款，比如减少贪污或建立民主等。因此，可以说世界银行是全球范围的放贷者，其主要工作是向贫穷国家提供长期贷款和技术协助，帮助它们脱离贫困。

如今，世界银行、国际货币基金组织和世界贸易组织共同成为国际经济体制中最重要的三大支柱。

按照《国际复兴开发银行协定条款》的规定，世界银行的宗旨是：

1. 通过对生产事业的投资，协助成员国进行经济建设，鼓励不发达国家对资源的开发。

2. 通过担保或参加私人贷款及其他私人投资的方式，促进私人对外投资。

3. 鼓励国际投资，协助成员国提高生产能力，促进成员国国际贸易的平衡发展和国际收支状况的改善。

4. 配合其他方面的国际贷款。

尽管世界银行是全球范围内的放贷者，但它并非随意放贷，而是按照一定规定放贷，具体包括以下几个方面：

1. 只允许参加国际货币基金组织的国家申请加入世界银行，在世界银行的贷款期限是15～20年不等，宽限期为5年左右，利率为6.3%左右。

2. 申请贷款只限成员国，其他企业或个人申请贷款要由政府担保。

3. 成员国申请贷款时一定要有工程项目计划，贷款专款专用，世界银行每隔两年要对其贷款项目进行一次大检查。

因为世界银行的主要帮扶对象是发展中国家，因此中国也是世界银行的帮扶对象。根据世界银行的《国别伙伴战略》，目前世界银行主要为中国提供以下援助：

1. 深化中国对多边经济机构的参与，降低对内、对外贸易的投资壁垒，为中国的海外发展提供一系列帮助。

2. 推动城镇化均衡发展，保障农村生活，扩大基本社会服务和基础设施建设。

3. 减少大气污染，节约水资源，优化能源利用（部分通过价格改革），改善土地行政管理，履行国际环境公约。

4. 扩大金融服务（尤其是中小企业），发展资本市场，应对系统性风险，维护金融稳定。

5. 提升企业竞争力，改革公共部门，理顺政府间财政关系。

新中国成立后的较长一段时间里，中国在世界银行的席位都被中国台湾当局占据着。直到 1980 年 5 月 15 日，中国才恢复了在世界银行和所属国际开发协会及国际金融公司的合法席位。1980 年 9 月 3 日，世界银行理事会经过投票，同意将中国在该行的股份从原来的 7500 股增加到 12000 股，这意味着中国可以向世界银行的执行董事会单独派一名董事，中国也因此在世界银行拥有了投票权。现在，作为世界银行创始国之一的中国已经成为世界银行第三大股东国。

国际货币基金组织：超级货币管家

全球经济复苏还非常疲软，经济增长很重要，但必须从不受约束的全球化增长转向包容性增长，降低经济发展中的不平等对宏观经济有利，在精力投向效率的同时，必须关注社会公平，市场要更透明、更完善，向所有人提供平等的机会。

——拉加德（国际货币基金组织首位女性总裁）

国际货币基金组织是与世界银行、世界贸易组织并列为国际经济体制的三大支柱的金融机构。它是政府间国际金融组织，总部设在华盛顿。国际货币基金组织与世界银行一样，也产生于布雷顿森林会议之后。1945年12月27日，国际货币基金组织正式成立，1947年3月1日开始工作，1947年11月15日成为联合国的专门机构，在经营上有其独立性。

国际货币基金组织成立的初衷是稳定各国的货币和监察外汇市场，它在国际金融活动中的扮演角色主要是核数师，其主要工作是记录各国之间的贸易数字以及各国间的债务，并主持制定国际货币经济政策，可以说它是全球货币的大管家。

国际货币基金组织成立的目的是，通过一个常设机构来促进国际货币合作，为国际货币问题的磋商和协作提供方法；促进和保持成员国的就业、生产资源的发展和实际收入的高水平；稳定国际汇率，避免竞争性的汇价贬值；协助成员国建立经常性交易的多边支付制度，消除妨碍世界贸易的外汇管制；向成员国临时提供普通资金，帮助其树立信心，趁此机会纠正国际收支的失调；缩短成员国国际收支不平衡的时间。这也是国际货币基金组织的宗旨。

国际货币基金组织主要有下列职能：

1. 制定并监督成员国间的汇率政策和经常项目的支付，以及货币兑换性方面的规则。

2. 向发生国际收支困难的成员国提供紧急资金援助，避免影响到其他国家。

3. 为成员国提供会议场所。

4. 促进国际金融与货币领域的合作。

5. 加快国际经济一体化的步伐。

6. 维护国际的汇率秩序。

7. 协助成员国建立经常性多边支付体系。

国际货币基金组织与世界银行之间存在着内在联系，只有国际货币基金组织的成员国才可以申请加入世界银行，但它们的任务和职能有着明确的分工：国际货币基金组织的主要工作是记录各国之间的贸易数字和各国间的债务，并主持制定国际货币经济政策；而世界银行则主要是负责提供长期贷款，其主要工作就是向公司、个人或政府发行债券，并将所得款项借给需要帮助的国家，主要是发展中国家。

中国作为二战的战胜国，不仅是世界银行的创始国，同样也是国际货币基金组织的创始国之一。在很长时间里，中国在国际货币基金组织的席位由中国台湾当局占据。1980 年 4 月 17 日，国际货币基金组织正式恢复中国的代表权。1991 年，国际货币基金组织在北京设立常驻代表处。中国现在在国际货币基金组织中拥有 92.96 亿美元的特别提款权，占总份额的 3.72%。拥有特别提款权最多的是美国，达到 427 亿美元，日本拥有 153 亿美元，德国拥有 149 亿美元，英国和法国各拥有 123 亿美元。

商业银行：提供多种金融服务的特殊企业

> 我们总是简单地认为，只要与国外接轨，就可以解决金融体系存在的问题，甚至可以解决商业银行的坏账问题，这是不可能的。
>
> ——郎咸平（经济学家，多次受邀在北大做演讲）

商业银行可以说是与我们的生活联系得最为紧密的金融机构。其实，商业银行不仅是一种金融机构，也是企业的一种，只不过与一般的企业不同，它是以经营工商企业存、贷款为主要业务，以获取利润为目的，以货币为经营对象的特殊企业。

商业银行与一般工商企业最大的不同表现在经营对象上：一般工商企业经营的是具有一定使用价值的商品；商业银行的经营对象则是以货币和货币资本为表现形式的金融资产和金融负债，这也是商业银行性质的体现。

商业银行的性质决定了它主要有 4 项基本职能：信用中介、支付中介、信用创造和金融服务。

信用中介是商业银行最基本的职能，也最能反映其经营活动特征。这一职能是指商业银行通过吸收存款，把社会上的各种闲散货币集中到银行，再通过贷款业务将其投向经济各部门。通过信用中介活动，商业银行调剂着社会各部门的资金分配，同时在中央银行货币政策和其他国家宏观政策的指引下，实现经济结构、消费投资比例、产业结构等方面的调整。

支付中介是商业银行的又一职能，它是指商业银行通过存款在账户间的转移，为客户代理支付；在存款的基础上，为客户兑付现款等。通过做支付中介，商业银行成为工商企业、团体和个人的货币保管者、出纳者和支付代理人。

信用创造是在信用中介职能和支付中介职能的基础上产生的。商业银行能够吸收各种存款，供发放贷款使用，然后在支票流通和转账结算的基础上，贷款又转化为存款，这增加了商业银行的资金来源，最后形成数倍于原始存款的派生存款。派生存款指的是银行因发放贷款而创造出的存款。它与原始存款相对应，是原始存款的派生和扩大。

金融服务也是商业银行的重要职能。现代经济生活中，银行间的业务竞争愈演愈烈，银行基于联系面广、消息灵通等特点，加之电子计算机在银行业务中的广泛应用，其具备了为客户提供信息服务的条件。在金融服务成为银行的又一主要活动的同时，咨询服务、对企业“决策支援”等服务也应运而生。

商业银行的经营业务，通常有下列特征：

1. 交易种类繁多、交易次数频繁、交易金额巨大。

2. 分支机构众多、分布区域广泛。

3. 有严密的会计信息系统，并广泛使用计算机信息系统及电子资金转账系统。

4. 拥有大量不涉及资金流动的资产负债表表外业务，有严密的控制程序进行记录和监控。

5. 高负债经营，债权人众多。

6. 与社会公众利益密切相关，受到银行监管法规和政府部门的监督监管。

商业银行是金融市场上影响最大、数量最多、涉及面最广的金融机构，为了保证市场秩序的正常运行，商业银行一般应遵守下列 4 项原则：

1. 效益性、安全性、流动性原则。

2. 依法独立自主经营的原则。

3. 保护存款人利益原则。

4. 平等、自愿、诚实信用原则。

目前，我国有 5 家国有大型商业银行，就是我们熟悉的工商银行、农业银行、中国银行、建设银行、交通银行。此外，我国的商业银行还包括中国邮政储蓄银行以及中小型股份制商业银行、城市商业银行、村镇银行等。

投资银行：资本市场的冒险家

> 投资银行的角色可以从两方面来定义：既是财务方面的顾问又是战略方面的顾问。它们正是通过这两方面的工作来协助高科技公司实现其经营目标的。
>
> ——瑞克斯·戈尔丁（投资银行家）

投资银行是与商业银行相对应的一个概念，是现代金融业适应现代经济发展而形成的一个新兴行业。投资银行尽管也叫银行，却是与商业银行完全不同的金融机构，它是主要从事证券发行、承销、交易、企业重组、兼并与收购、投资分析、风险投资、项目融资等业务的非银行金融机构。投资银行是金融市场上主要的服务提供者，它与商业银行的不同之处在于其风险不隔离特征，投资银行经常涉足高风险业务，是现代金融市场领域里的“狠角色”。

虽然投资银行是一个新兴行业，但它在金融领域占有相当大的份额。当前世界的投资银行主要有 4 种类型，分别是独立的专业性投资银行、商业银行拥有的投资银行（商人银行）、全能性银行直接经营的投资银行以及一些大型跨国公司兴办的财务公司。投资银行的经营模式包括分业经营模式和混业经营模式。分业经营模式是指投资银行业务与商业银行业务相分离，分别由两种机构相对独立经营；混业经营模式指的是投资银行业务与商业银行业务相互融合渗透，均由混合银行提供。

一个投资银行采用什么样的组织结构，与它的组建方式和经营理念是分不开的。现代投资银行的组织结构主要有合伙人制、混合公司制和现代公司制 3 种。

中国的投资银行包括全国性投资银行、地区性投资银行和民营性投资银行 3 种，前两种都是国有企业，后一种是民营企业。全国性投资银行包括两种类型：第一种是以银行系统为背景的证券公司；第二种是国务院直属或以国务院各部委为背景的信托投资公司。地区性投资银行主要是省市两级的专业证券公司和信托公司。民营性投资银行主要是一些投资管理公司、财务顾问公司和资产管理公司等，它们绝大多数是以为客户提供管理咨询和投资顾问业务为基础而发展起来的，具有雄厚的资本实力和专业技术，并且在企业并购、项目融资和金融创新方面具有很大的灵活性，这些特点使得它们将在中国投资银行领域发挥越来越大的作用。

证券公司：专门从事有价证券的买卖

由于美国消费者信心不足，工厂开工动力疲软，雇佣意愿也较为低迷，市场期待更多的刺激政策。市场人士认为，通胀率保持低位，一定程度上令美联储推出 QE3 没有后顾之忧。

——史蒂夫·斯科菲尔德

（美国麦瑞迪安证券公司资深经济学家）

证券公司是专门从事有价证券买卖的法人企业，主要包括证券经营公司和证券登记公司两种。我们通常所说的证券公司指的是证券经营公司。下面，我们也将在这个意义上探讨证券公司。

证券公司是专门经营证券业务的公司，是具有独立法人地位的企业，既可以是有限责任公司，也可以是股份有限公司。证券公司的成立须经主管机关批准，并到有关工商行政管理局领取营业执照。投资人要进行证券投资，必须通过证券公司，这是因为证券公司具有证券交易所的会员资格，可以承销发行、自营买卖或自营兼代理买卖证券。因此可以说，证券公司是投资人与证券交易所之间的“桥梁”。

证券公司从功能上划分，可以分为证券经纪公司、综合型证券公司和证券承销公司。

证券经纪公司也叫证券经纪商，是负责代理买卖证券的金融机构。它接受投资人委托，代为买卖证券，并收取一定手续费，即佣金。

综合型证券公司也叫证券自营商，它们资金雄厚，除了具有证券经纪公司的权限外，还可以自行买卖证券，也可直接进入交易所为自己买卖股票。

证券承销公司也叫证券承销商，是以包销或代销形式帮助发行人发售证券的机构。证券交易中的包销意味着向销售人提供保证，包销人有责任在未来按照担保的价格购买证券。

在实际的经济生活中，许多证券公司会兼营上述3种业务。按照各国现行的做法，证券交易所的会员公司都可以在交易市场进行自营买卖，但以自营买卖为主要业务的证券公司并不多。另外，一些经过认证的创新型证券公司还具有创设权证的权限。

目前，中国的证券行业发展呈现良好态势。这一方面是由于中国资本市场的规模具有较大的增长空间，保证了证券投资可以持续稳定地高速增长；另一方面是由于直接投资、融资融券和股指期货等创新业务的推出进一步优化了证券投资的赢利模式。

保险公司：提供风险保障的地方

保险业不是暴利行业，保险也不是传销。保险是人们生活的必需品，人人都需要。

——刘彦斌（理财专家，受邀在北大做演讲）

保险公司与我们的生活有着密切联系。俗话说，人无远虑，必有近忧。每个人都不能保证自己和家人有朝一日不会遭遇天灾人祸。为了避免意外发生时措手不及，很多人选择了在平安无事时为自己和家人投一份资，确保意外发生时可以得到一定数量的资金援助和补偿，这份投资就是我们俗称的“买保险”。因此，保险可以说是人们在发生疾病、事故等特殊情况下的“及时雨”，能解除人们的后顾之忧，而为我们提供保险服务的就是保险公司。

保险公司也是金融机构的一种，它经营保险业务，享有收取保险费、建立保险费基金的权利。与此相对应的是，当保险事故发生时，它也负有赔偿被保险人经济损失的义务。

在中国，保险公司须经保险监督管理机构批准，并依法在工商管理机构登记注册后才能宣告成立。

世界上的保险公司按组织形式来分主要有3种：股份保险公司、相互保险公司、专属保险公司。

股份保险公司是指股份制的保险公司，它与其他股份制企业一样，由发起人根据《公司法》设立，继而规定了公司发起人的数量、公司债务的限额、发行股票的种类、税收、营业范围、公司的权力、申请程序、公司执照等。西方发达国家的保险股份公司组织由3个权力集团组成，即股东、董事会、高级经理人员。

相互保险公司是一种非盈利公司，没有股东，公司为保单持有人（投保人）拥有，也属于一种公司组织形式。对于这种形式，投保人具有双重身份，既是公司所有人，又是公司的客户，投保人能以取得“红利”的形式分享经营成果。

专属保险公司是由工商企业自己设立，旨在为本企业、附属企业以及其他相关企业的风险保险或再保险的保险公司。

保险公司还可以因按保险对象的不同而分为人寿保险公司、财产保险公司和再保险公司。

顾名思义，人寿保险公司是以人的生命健康作为保险对象的保险公司；财产保险公司是以财产作为保险对象的保险公司；再保险公司是不直接向投保人签发保单，而只承接再保险业务的保险公司。再保险是指保险公司签署了保险合同后，为了分散风险，把所承担的业务再分给另一保险公司，接受这一保单的公司就是再保险公司。

目前，中国的全国性保险公司有两家，分别是中国人民财产保险公司和中国人寿保险有限公司。另外，中国还有其他一些保险公司活跃在我们身边，比如中国平安人寿保险股份有限公司、中国太平洋人寿保险股份有限公司和泰康人寿保险有限公司都是国内目前发展较好的保险公司。

随着保险制度的完善以及人们保险意识的增强，相信中国的保险行业将会在人们的生活中发挥更大的作用。

信托投资公司：代人理财的投资机构

> 事实上从传统的智慧，觉得自由市场是不稳定的，这种想法是错误的，只有货币政策是不稳定的，并不是说自由市场的这一体系是不稳定的。
>
> ——布莱恩·韦斯伯利（美国第一信托首席经济学家）

当今社会，人们对各种各样的“托儿”并不陌生。在小品《打工奇遇》中，赵丽蓉老师曾有这样一段台词：“卖袜子的有袜托儿，卖鞋的有鞋托儿，我就是那饭托儿。”可见，老百姓对“托儿”已经十分熟悉。但是，信托与这些“托儿”不同，后者是骗人的，信托则以诚信立身。

信托是指委托人基于对受托人的信任，将财产权委托给受托人，由受托人以自己的名义，按照自己的意愿，为受益人的利益或者特定目的对受托的财产进行管理或者处理的行为。

信托起源于英国，距今已有几个世纪了。英国“尤斯制”是信托制度的前身。13 世纪的英国是封建社会，教会占有大量土地，但不纳税，导致国家的税收收入逐渐减少，影响到了国王和封建贵族的利益。13 世纪初，英王亨利三世颁布了一个《没收条例》，为了规避这个条例，宗教徒们在遗嘱中把土地赠予第三者所有，但同时规定教会有土地的实际使用权和收益权，这就是“尤斯制”。如今，美国是世界上信托制度最为健全，信托产品最为丰富、发展总量最大的国家。

信托既是一种特殊的财产管理制度和法律行为，也是一种金融制度，它与银行、保险、证券一起构成了现代金融体系。信托投资公司是一种以受托人身份代人理财的金融机构，其本金就是信用。

信托投资公司按其所处发展阶段的不同可以分为 4 种，这也可以看作信托投资公司发展的 4 个阶段：

第一，起步期信托投资公司。这个时期的信托投资公司信托业务刚刚起步、资产规模较小、信托产品品种不多。这类信托投资公司通常需要模仿其他相对成熟产品的做法，在此过程中逐渐积累经验，挖掘自身优势，培养核心竞争力。

第二，成长期信托投资公司。这个时期的信托投资公司经过一段时间的发展，已经有了一定客户基础和中等的资产规模，业务模式不断成熟，并且逐渐形成具有竞争力的优势业务领域，同时它们也会积极探索信托业务创新，意图有更好的职业前景。

第三，成熟期信托投资公司。这个时期的信托投资公司已经拥有丰富的业务经验，资金雄厚，有自已的核心赢利模式，具有很强的竞争实力。它们能为客户提供特色金融产品和服务，具有稳定而忠诚的客户群，信托产品收益稳定且良好；它们注重市场研究，根据自身优势和地区经济发展特征，开发收益良好的信托产品，特别是在某一专门领域有独特的信托产品，在市场上有良好信誉。

第四，高峰期信托投资公司。这一时期的信托投资公司在信托市场中占据主导地位，被公认为市场领袖，占有极大的市场份额，业务领域全面，资金实力和业务能力均很突出。它们在市场上从多个方面表现出资产规模最大、经营品种最多、信托产品创新迅速以及业务范围广泛等特点。

信托投资公司与其他金融机构既有联系又有区别。从信托业产生和发展的历程来看，信托投资公司与商业银行有着密切的联系和渊源。在很多西方国家，由于实行混业经营的金融体制，其信托业务大都涵盖在银行业之中，即商业银行也会经营信托业务，但与银行本身的业务有着严格的区分。

目前，中国信托投资公司的主要业务是经营资金和财产委托、代理资产保管、金融租赁、经济咨询、证券发行以及投资等。

第六章 钱是怎样“生”钱的——颠倒众生的利率“魔棒”

当今社会，货币无处不在，而利率作为资金的价格，就犹如一张大网，网罗住了整个社会经济，让人无所遁形。尽管如此，仍然有人不了解利率的巨大影响力，认为如果不借钱、不放贷、不炒股的话，利率就与己无关，这种理解是有偏差的。事实上，利率既影响我们的收入、支出，也影响我们的饭碗，更关乎我们的财富！

金融经济中的“调节器”

利息，从其形态上看，既是货币所有者因为发出货币资金而从借款者手中获得的报酬，也是借贷者使用货币资金必须支付的代价。利息实质上是利润的一部分，是利润的特殊转化形式。利率又称利息率，表示一定时期内利息量与本金的比率，通常用百分比表示，按年计算则称为年利率。其计算公式是：利息率=利息量÷本金÷时间×100%。

——金融常识

现代人经常会提到利息这个词汇，那么利息到底指什么呢？所谓利息，它既是资金拥有者因为借出资金而获得的利润，又是资金借贷者因使用资金而必须付出的代价。实质上，利息是利润的一种特殊表现形式。

那么，哪些因素会导致利息的形成呢？利息又是怎样出现的呢？

1. 延迟消费。资金拥有者借出现有的资金，就会使自己的消费延后。一般来讲，消费者对现在商品的偏好会多于对未来商品的偏好，因此在自由市场上便会出现正利率。

人们对现在的满意程度与对将来的满意程度的比值就是时间偏好。经济学家在强调各种原因驱动下个人行为的时间体现时经常用到“时间偏好”这个名词。

2. 预期的通货膨胀。在通货膨胀的经济时期延迟消费的话，相同数量的金钱只能买到较少的商品，那么放款人这期间的损失就需要由借款人来补偿。

3. 代替性投资。资金持有者有权选择资金的投向，放款人选择借出金钱，就等于放弃了其他投资可能产生的回报，因为这中间有一种机会成本的存在，因此这种机会成本就需要借款人来承担。

4. 投资风险。借款人随时都可能破产、潜逃或欠债不还，为了预防这些情况发生，放款人需要收取额外的金钱作为抵押。

利息作为资金的使用价格，在市场运行中的重要作用主要表现在：

1. 对政府行为产生影响。利息收入在全社会的经济利益中占有重要地位，因此政府在调节市场经济时经常将它作为一种重要的经济杠杆来使用。当中央银行降低利率时，货币就会流入资本市场；反之，流入资本市场的货币则会减少。

2. 对居民的资产选择行为产生影响。随着中国居民收入水平的提高，储蓄比率也在不断加大，资产选择行为随之产生。大量金融工具的存在是居民进行资产选择的客观基础，但是其主要诱因还是利息收入。居民的自发资产选择行为极大地影响了宏观经济调控和微观基础的重新构造。目前，中国经济呈现出一种高储蓄率的特征，它为经济的增长奠定了坚实的资金基础。

3. 对企业行为产生影响。利息会对企业经济效益的高低产生直接影响。企业会千方百计减少资金占有量，并比较各种资金筹集方式，以此来降低成本、增进效益。

本金、存期和利率水平共同决定了利息的多少，其计算公式为：利息＝本金×利率×存款期限，从中可以看出，利率对利息具有重要影响。

一定时期内利息量与本金的比率就是利率，它是决定利息多少的因素与衡量标准。

很多复杂因素都会对利率水平产生影响：一方面，产业的平均利润水平、货币的供给与需求状况、经济发展状况等因素都会对利率产生影响；另一方面，物价水平、利率管制、国际经济状况和货币政策等也是影响利率的主要因素。

划分利率种类的方法和角度有很多，它们可以将不同种类利率的特征清楚地表现出来，如利率可以划分为：年利率、月利率、日利率；固定利率与浮动利率；基准利率与一般利率；长期利率和短期利率；名义利率与实际利率；中央银行利率、商业银行利率、非银行利率。

市场化、基础性、传递性是利率的基本特征。作为一种资本价格，利率的高低也会受到货币供求状况的影响。一国经济发展的状况会对企业利润水平的高低和人们收入的多少产生决定性影响，进而对储蓄供给与投资需求、货币的需求和供给等产生影响。

国家经济在很大程度上会受利率水平的影响，因此国家对利率的管理涉及法律、法规以及政策等多种因素。国家根据其经济政策对利率水平进行干预，并以此来影响经济发展。

很多因素都会影响利率的变动，但是一国的经济状况是众多因素中起决定作用的因素。因此，只有清楚地把握一国的经济状况，从整体出发，才能对一国利率的现状和变动有一个清晰的认识。

神奇的利率体系

利率体系是指一个国家中存在的各种利息率之间的互相依存和互相制约的系统。

——金融常识

不同利率之间和相同利率内部相互联系、相互制约，从而构成一个有机整体，这便是利率体系。利率结构、各利率间的传导机制和利率监管体系共同构成利率体系。

利率体系理解起来很简单。举例来说，如果居民储蓄 5 年期的存款利率为 4.95%，那么这一利率既是年利率，也是固定利率、差别利率、长期利率和名义利率。这些利率之间存在必然联系，又相互制约，这样构成的有机整体就是利率体系。

利率体系有多种划分方式，其中两种最主要的划分方式是：

1. 根据利率所依附的经济关系的不同，利率可分为存款利率和贷款利率两种。

2. 根据借贷主体的不同，利率可分为银行利率、非银行金融机构利率、债券利率和市场利率等。

利率体系的内容主要包括以下 3 个方面：

1. 中央银行贴现率与商业银行存贷利率。中央银行对商业银行和其他金融机构短期融通资金的基准利率就是中央银行贴现率，它在利率体系中占据着核心主导地位，发挥着重要作用，能充分反映全社会的一般利率水平，并体现一个国家一定时期内的经济政策目标和货币政策方向。商业银行利率在利率体系中基础性起的作用，通常运用于商业银行及其他存款机构吸收存款和发放贷款的过程中。

2. 拆借利率与国债利率。拆借利率的期限较短，在短期市场中具有代表性，通常运用于银行及金融机构的短期资金借贷过程中。国债利率通常指 1 年期以上的政府债券利率，是长期金融市场中具有代表性的利率。

3. 一级市场利率与二级市场利率。债券发行时的收益率或利率就是一级市场利率，它是衡量债券收益，计算债券发行价格的基础和依据。债券流通转让时的收益率便是二级市场利率，它可以真实反映市场中金融资产的损益状况。

随着改革开放的深入发展，中国逐渐形成了多元化、多层次的利率体系，当前中央银行存贷款基准利率、同业拆借市场利率、商业银行存贷款利率和市场利率并存的格局已经初步形成，其 4 个层次主要表现在：

1. 存款准备金利率、中央银行再贷款利率、再贴现利的中央银行基准利率。

2. 全国银行间拆借市场利率、银行间国债市场利率共同构成的银行间同业拆借市场利率。

3. 商业银行等金融机构的存贷款利率。

4. 沪深证券交易所债券市场利率、民间借贷利率等市场利率。

人们的储蓄该如何打理

负利率是指通货膨胀率高过银行存款利率。这种情形下，如果只把钱存入银行，会发现财富不但没有增加，反而随着物价的上涨不断缩水。

——金融常识

负利率意味着人们存入银行的钱不仅没有增加，反而减少了，为了更好地应对负利率，人们有必要将自己的储蓄打理好，以实现保值、增值、风险小、收益高的目标。

下面，通过一个案例来充分解释负利率。

某年半年期的存款利率为3.78%，上半年的CPI比同期上涨了7.9%，小王年初时将1万元以定期存款的形式存入银行，到期后小王可获得：378元（10000×3.78%）的利息，同时还要承担412（10000×7.9%）元的贬值额。

换句话说，存款利息378元只是表面上的增加额，而实际的收益只是378−412=−34元。

这就是负利率的表现，存入银行的钱不仅没有增多，反而减少了，利率减去通货膨胀率后为负值，这种负利率是由通货膨胀引起的。

面对负利率的存在，普通老百姓需处理的一个重要问题就是要管好自己的钱袋子，积极拓宽理财思路，合理选择理财计划，让钱生钱。

首先，主动出击，对理财知识有充分了解，形成良好的理财习惯是最重要的；其次，借助专业机构，实现理财计划的多元化；最后，做到投资决策的科学化、合理化。此外，大家还可以借鉴以下建议，以实现负利率时期的平稳过渡。

基金是首选的金融工具

综合来说，人们战胜负利率、跑赢 CPI 的基本手段就在于基金定投和购买理财产品，当然基金有风险，投资须谨慎。

长期债券要少碰

债券价格受利率变动影响较大，在其他因素不变的情况下，债券价格随着市场利率的升高而降低。如要购买债券短期债券和高息债券应当是首选，通常受利率调整影响较小的是那些中短期债券基金。可以考虑将那些大量购买的长期债券赎回。

定期存款的期限不要超过一年

专家认为，面对预期压力，为规避通货膨胀的风险，人们应尽量减少手中持有大量现金，若定期存款时间过长，当遇到再次加息时，提前支取是相当不划算的，这时短存或购买超短期人民币理财产品才是最好的选择。

用一定的资产来购买黄金，以此来抵抗通胀风险

投资者投资时可以选择上海金交所 AU（T+D），也可以买一些实物金条或是与黄金挂钩的理财产品。

精打细算，做好规划

面对不断上涨的物价，人们要利用好每一分收入，不仅要清楚自己每月收入多少、开支多少，还要对自己当前的财务状况有一个清楚的认识。

将自己的储蓄打理好，减轻通货膨胀的压力，实现负利率时代的保值增值，这不但可以进行自我防护，还可以为国家减轻一定的社会压力。

银行调控经济的主要手段

所有国家都把利率作为宏观经济调控的重要工具之一。当经济过热、通货膨胀上升时，便提高利率、收紧信贷；当过热的经济和通货膨胀得到控制时，便会适当地调低利率。因此，利率是重要的基本经济因素之一。

——金融常识

现代市场经济环境错综复杂，许多因素都与利率关系很密切，如经济因素、政策因素、制度因素等等。在现代社会中，利率会对市场经济产生重要影响，同时很多因素也会对利率产生影响和制约，其中 4 种常见的影响因素如下：

货币政策

促进经济稳定增长是政府制定货币政策的最终目的，对货币供给和信贷规模的控制可以对利率和经济增长实现双调节。货币供给量的扩大会降低利率，反之则会提升利率。

财政政策

一国利率受财政政策影响较大，一般情况下，当财政收入无法维持财政支出时，为弥补财政收入的不足，政府就会在公开市场上借贷，从而导致利率上升。扩张性的经济政策会使信贷需求增加，从而导致利率上升。

通货膨胀

在信用货币条件下，国家发行的货币过多，导致流通中的货币量大于所需要的货币量，由此引起的纸币贬值、物价上涨的现象就是通货膨胀。通货膨胀、货币供给与利率的关系也相对复杂一些。一般来说，利率水平与通货膨胀率成正比，随着通货膨胀率的上升而上升，下降而下降。但是，如果通货膨胀没有引起货币供给量的大幅度增长，那么利率不仅不会下降，反而会有上升的可能，产生高利率现象，以对货币贬值带来的损失进行弥补。

企业需求和家庭需求

信贷利率的变化往往会受到企业信贷需求的影响。当经济复苏和高涨时，企业信贷需求就会增加，伴随而来的就是利率上涨；相反，在低迷的经济发展时期，企业信贷需求会减少，利率水平也会随之下跌。

利率与债券收益的联动

债券的投资收益主要由两部分构成：一是来自债券固定的利息收入；二是来自市场买卖中赚取的差价。在这两部分收入中，利息收入是固定的，而买卖差价则受到市场较大的影响。

——金融常识

利率和债券收益不同，二者之间没有必然联系，利率高，债券收益不一定高。

债券购买者都会有这样的体会，债券的实际收益与票面上的利率不一定完全相同，有时高于票面利率，有时低于票面利率。利率和债券之间的关系便通过这些表现出来，只不过在不同期限的债券上有不同的表现。

通常，利率调整会与债券收益成正比，与债券价格变动成反比。换句话说，当提高利率时，债券的收益率会随之上升，但是债券的价格会随之降低。

公司债券

因为公司随时都有破产的可能，因此人们购买公司债券是一种风险投资。债券的预期收益率和到期日期在购买时便已明确，当银行存款利率不断上升时，存款的收益率将会增加，加之货币存入银行是没有风险的，于是人们就感到持有债券不划算：一是利率上升，公司的经营成本、赢利难度以及偿还难度都会有所增加；二是利率上升后，货币存入银行的收益率将会大于购买公司债券的收益率，这样投资者就会将债券抛售，降低债券价格。

政府债券

中国发行国债时已经明确规定了收益率和到期日，同时也规定了投资每期所得到的利息。如果提高银行存款利率，存款收益就会提高，这样国债持有者就会觉得持有国债不赚钱，从而出现抛售国债的现象。但实际上，国债可能只有较小的收益率，但相应地风险也较小。

但是，有时银行利率与债券收益也会成反比例地变化：当银行利率提高时，债券收益率会降低；反之，债券收益率则会提高。

央行在 2008 年 10 月 8 日宣布“双降”，结果银行间市场的 1.5 年剩余期限的央票双边报价卖盘在 10 月 9 日一开盘就下降了 0.37%，对应的债券价格也有 0.5 元涨幅。

例如，中银货币基金在 2008 年 10 月 16 日每 1 万元基金可以获得 3.7542 元的收益，对应的年化收益率为 7.907%，而每万份基金单位收益为 0.8897 元，七日年化收益率为 3.226%，万份基金单位收益有了 3 倍的增长额，七日年化收益也翻番。

货币市场基金主要由银行存款、短期债券、央行票据、回购协议等投资目标、投资所得的债券利息、债券的买卖差价、银行存款利息以及其他收入共同构成其收益。通常，债券利息的高低、债券价格的波动幅度对货币市场基金收益将会产生重要影响。

相关学者表示，根据目前的发展状况，中国的债券市场将继续保持良好的发展态势，有望持续部分货币基金高收益的局面。

然而，尽管如此，货币市场基金的发展并非处于同一水平上，不同货币市场基金的收益差距非常大。另外，根据债券的价格是该债券未来收益的贴现这个原理，未来收益是固定的，如果提高贴现率，债券拥有越小的贴现值就会拥有越低的债券价格。

第七章

引导资金流动的"神奇魔法"——国家的货币调控政策

为了稳定物价和促进经济增长，国家会颁布一些货币政策来缓解矛盾。比如通过调控存款准备金影响社会货币供应量，进而抑制物价的上涨；政策性补贴援助支援国有企业等等。这些货币政策的直接或间接受益者是人民群众。通过财政补贴，政府保持了人民生活基本必需品，特别是粮油、猪肉、民用煤等价格的基本稳定，并在城市住房、水电、公共交通等方面实行低租金、低收费制度。

银行信贷的“紧箍咒”

存款准备金是一种备用财富，其目的是为了保证支付。通常我们不能随便动用存款准备金，但是科学合理运营存款准备金却是应当受到鼓励的，它对于国家经济的发展是十分有利的。

——金融常识

很多人都遇到过在ATM机上取钱但是机器没钱或者钱不够的情况，这种现象实属正常，却应该只有极少数人能够容忍，特别是遇到要提取大量现金的时候，这种情况就更让人无法接受。人们由此担心，银行是否也会出现没钱或钱不够的情况呢？

存款准备金出现之后，人们这方面的担心就完全没有必要了。各商业银行按照中央银行依据相关法律作出的规定要求，将所吸收的存款按一定比例存入人民银行开设的准备金账户中，以此来调节自身利用存款发放贷款的行为。

20世纪30年代，存款准备金制度在国家经济宏观调控上的作用还没有那么突出，它只是中央银行对商业银行信贷规模的一种控制手段。随着其自身的不断完善，存款准备金制度在国家宏观调控中的作用日益突出。

存款准备金分为法定存款准备金和超额准备金两部分。央行根据国家法律授权，规定金融机构必须将自己吸收的存款按照一定比率交存央行，这个比率就是法定存款准备金率，按这个比率交存央行的存款就为法定存款准备金存款。而金融机构在央行存款中超过法定存款准备金存款的部分就称为超额准备金存款，它与金融机构自身保有的库存现金构成超额准备金（习惯上称为备付金）。超额准备金与存款总额的比例是超额准备金率(即备付率)。金融机构缴存的法定存款准备金一般情况下是不准动用的，但超额准备金，金融机构则可以自主动用，其保有金额也由金融机构自主决定。

存款准备金是典型的规模可测、可控资金，只要机构专业、规模合理、科学运营，就会发挥既能控制“热钱”、“准热钱”，又能促进可持续发展的独特作用。

建立法定存款准备金制度，有助于在流动资产状况发生变动时稳定隔夜利率——缓冲职能；也为中央银行提供了一个准备金需求来源，从而可以补偿通过自发性因素产生的流动性资产供给——流动资产管理职能；也可以被作为一种控制货币总量的手段——货币控制职能；还可以被认为是中央银行收入的一个来源——收入或税收职能。

1984 年，中国人民银行建立存款准备金制度，20 多年来存款准备金率经历了多次调整。2010 年 1 月到 2011 年 3 月，央行连续 9 次提高人民币的存款准备金率，经过 2011 年 3 月 25 日的上调后，大型金融机构的存款准备金率高达 20%，中小金融机构存款准备金率也达 16.5%。

中国人民银行于 2011 年 4 月 17 日宣布，从当月 21 日起再次上调存款类金融机构人民币存款准备金率0.5个百分点，这是央行自2011年以来第四次上调存款准备金率，也是央行自2010年以来准备金率的第十次上调。2011年的第一季度里，央行以每月一次的频率，先后3次上调存款准备金率。此次上调之后，大中型金融机构存款准备金率达20.5%的历史高位。

专家认为，央行频繁上调存款准备金率就是为了进一步收缩银行体系的宽裕流动性。央行每上调存款准备金率0.5个百分点，就能带来银行3600多亿资金的冻结。央行上调存款准备金率，对于调节资金的流动性，有效管理通胀预期，消除由货币因素引起的通货膨胀是十分有利的，特别是在通胀压力较大、CPI居高不下、房地产市场泡沫的情况下，效果更为明显。

政府的政策性补贴援助

国有企业改革的最大问题就是：当它有政策性负担的时候，就会有政策性亏损。谁应该为政策性亏损负责？政府。政府就必须给国有企业各种优惠和补贴。但有了各种优惠和补贴，问题会变得更复杂。因为实际在经营的是企业，政府并不经营，这里面就会出现经济学所说的信息不对称。

——林毅夫（原北大中国经济研究中心主任、教授，博士生导师）

一般说来，补贴在经济上是指由政府提供金钱，以降低生产者及消费者所面对的价格，获得补贴的通常是与公众利益密切相关的产品，例如农产品。补贴是政府对公众和企业的一种援助。

从 1995 年到 2002 年的 8 年间，美国每年平均提供 142.5 亿美元的农业补贴，总计达 1140 亿美元。其中用于农民和农作公司的补贴占到 80%，用于“水土保持项目”的补贴占到 12.5%，用于自然灾害救助方面的补贴占 7%。

美国农业补贴条款主要适用于玉米、高粱、大麦、燕麦、水稻、大豆、油料、棉花、乳品、花生、糖类、羊毛和马海毛、蜂蜜、苹果等大约20种农作物，其中粮食、棉花、油料和乳品生产是重点补贴对象。

补贴是一种调控金融的手段，一般分为财政补贴、禁止性补贴、可诉补贴、不可诉补贴和农业补贴等。

所谓财政补贴是指国家财政为了实现特定的政治经济和社会目标，向企业或个人提供的一种补偿。

禁止性补贴就是红灯补贴，《补贴与反补贴措施协议》中将出口补贴和进口替代补贴规定为禁止性补贴，任何成员不得实施或维持此类补贴。

可诉补贴就是黄灯补贴，指那些不是一律被禁止，但又不能自动免于质疑的补贴。对于这类补贴，往往要根据其客观效果才能判定是否符合世界贸易组织规则。

不可诉补贴就是绿灯补贴，《补贴与反补贴措施协议》第四部分规定了两大类不可诉补贴，一类是不具有专向性的补贴，另一类是符合特定要求的专向性补贴。

农业补贴是国家政府对本国农业支持与保护政策体系中最主要、最常用的政策工具，是政府对农业生产、流通和贸易进行的转移支付。

日前，可诉补贴在全世界非常流行，而中国的补贴政策也在不断完善中，并且取得了一定的成效。

补贴作为一种政府行为，由中央和地方政府的补贴行为以及政府干预的私人机构的补贴行为构成，其直接受益者是老百姓。被补贴方一定要从政府的某项补贴计划中获得某种利益。

中国的财政补贴政策从20世纪50年代就开始实行，在借鉴他国的经验后不断完善，并取得了很大的进展。其在维护国家和社会的政治、经济稳定以及人民生活水平稳步提高方面发挥了重要作用，主要体现在：

通过运用恰当的财政补贴政策，有助于缓解因价格和利益关系变动带来的社会矛盾，有利于顺利推进价格改革，维护社会稳定。

农业在国民经济发展中居于基础地位，农产品补贴增长越快，农业的发展就越快，人民生活水平以及国家经济发展速度就越快。中国的农产品补贴政策对于扶持农业生产的发展，增加农产品的生产量作用十分突出。实情情况也是如此，以粮、棉、油、猪为主的农产品价格补贴占到中国财政补贴的大部分，农业补贴在全部财政补贴中占有重要地位。

通过财政补贴，政府保持了人民生活基本必需品，特别是粮油、猪肉、民用煤等价格的基本稳定，并在城市住房、水电、公共交通等方面实行低租金、低收费制度，有利于提高人民生活水平和维护社会稳定。所以说，老百姓是中国财政补贴的直接或间接受益者。

紧缩银根：经济衰退的“幽灵”

> 我们为了抵御通胀风险的发生，提出通胀预期管理，其手段是缩紧银根。为此连续出台了减少信贷投放政策、清理地方融资平台政策和汇改政策，这些政策使金融融资平台突然紧身，流动性递减，经济发展动力肯定受到影响。
>
> ——贺铿（全国人大财经委副主任，受邀在北大做演讲）

市场上周转流通的货币量就是银根，当市场上的货币需求量小于流通量时，中央银行就会紧缩银根来减少货币的流通量。

紧缩银根通过调控货币流通量，影响着国民经济的发展和人们的生产生活。

一般来说，那些资金需求量大、资产负债率高的行业和企业，受紧缩银根的影响最为突出。另外，上市公司的业绩会因某些原材料需求的相对减少而受到影响，从而对股市的预期产生一种负面效应。

对股市的资金供应产生影响

受基础货币乘数作用的影响，国家调整存款准备金后将会直接或间接地影响金融流动。基础货币所产生的乘数作用会影响信贷结构，并能够将管理部门对当前经济形势的认识反映出来，这些都在无声地传达着央行要紧缩银根的信息。因此，股市资金面上将不可避免地受到一些负面影响。

对人们的心里预期产生影响

国家调整货币政策的举措会使投资者感到当前货币政策偏紧，这会极大地影响众多证券机构的操作者和投资者对市场的信心。如果央行无法控制货币供应和信贷规模的增速，那么普调准备金率或通过利率手段进行调节就提上了日程，这样一定会减慢未来货币供应量的增速。人们一旦产生这样的市场预期，投资态度将会更加谨慎，从而导致投资减少甚至撤回。

对银行等上市公司产生影响

对于那些资本充足率较低、资产不太好的银行，央行货币政策调控的信号会迫使其收缩信贷、控制风险。

紧缩银根不仅可以减少泡沫经济，还能预防银行产生坏账，为金融发展提供一个安全环境。另外，紧缩银根对于抑制投机，减少对证券市场的资金供给量也有重要作用。

双赢的出口退税制度

> 我国在制造业方面是一个追赶者，因此在政策上采取了一些保护性措施。如今政策环境发生了巨大变化，这些措施也应及时进行调整，比如汇率政策和出口退税政策。如果政策不作出及时改变，那么企业转型升级就会缺乏压力，一些附加值低、粗放式的加工业就还会延续。
>
> ——吴敬琏（经济学家、北大教授）

出口退税主要包括退还出口货物在国内生产和流通环节实际缴纳的产品税、增值税、营业税和特别消费税，它可以极大地促进一国的外贸发展。

出口退税制度在国家税收制度中占有重要地位，它将出口货物在国内已缴纳税款退还，可平衡国内产品的税收负担，使本国产品在不含税的情况下进入国际市场，从而增强其与外国产品的竞争力，提高出口创汇能力。

经过多年实践，中国的出口退税制度才渐成体系。与其他税收制度相比，退税制度的特点主要表现如下：

收入退付

不同于其他税收制度筹集财政资金的目的，出口退税的目的在于国家将出口货物在国内征收的流转税退还给企业，以减免税收。

单一的调节职能

中国实行出口退税的目的在于让企业的出口货物在不含税的情况下参与国际市场竞争，以此来提高企业产品竞争力，它的调节职能是单一的，不同于其他税收制度鼓励与限制并存、收入与减免并存的双向调节职能。

通用于间接税收范畴内

出口退税在国际上是通用的，世界各国都在实行出口退税制度，不同的只是具体的退税政策而已。

中国出口退税的3点作用表现在：(1) 促使出口商品结构的进一步优化，推动出口货物竞争能力的进一步增强；(2) 发展中国的对外贸易能力，使中国的出口创汇和外汇储备能力得到增强；(3) 改革外贸体制，提高经济效益。

通过实行出口退税制度，我国调节国际收支及国际清偿的能力得到增强，国际信誉得到维护，汇率得到稳定，从而为国民经济的进一步发展奠定了基础。

超国民待遇的时代已经结束

中国已经度过了外汇匮乏阶段，以超国民待遇换技术成效不明显。

——金融常识

在同等条件下，对外商直接投资给予的待遇高于本国国民投资的待遇，这就是超国民待遇。

20世纪80年代初期，中国对外资企业采取了很多优惠政策，以此吸引外资来华投资，但是随着国民经济实力的增强，这种优惠政策应该予以取消。

根据《国务院关于统一内外资企业和个人城市维护建设税和教育附加费制度的通知》精神，从2010年底开始，国家开始对外商投资企业、外国企业和外籍个人征收城市维护建设税和教育附加费，正式终结了外资所享受的超国民待遇。

国内很多专家很早就指出，国外的大量游资凭借着超国民待遇和技术、管理等方面的优势，在中国市场竞争中处于明显优势地位，这极大地削弱了本民族企业的竞争力。随着经济发展方式发生转变，中国必须建立公平有序的市场环境，因此调整甚至取消超国民待遇也就成为一种必然。

取消外资企业的超国民待遇经历了一个渐进的过程，并不是一蹴而就的。全国人大、国务院从 1994 年就开始了内外资企业税收制度的统一工作，中国入世以后，随着《企业所得税》、《反垄断法》和新《劳动合同法》的实行，国家逐渐同意了内外资税收统一政策。2006 年《商务发展第十一个五年规划纲要》的颁布标志着取消外资企业在中国的超国民待遇正式提上了日程。从 2008 年开始，内外资企业开始采用同一种税率，这成为取消超国民待遇历程上的一个里程碑。2010 年年底，开始对外资企业征收城市维护建设税和教育附加费，从此彻底结束了外资企业的超国民待遇。

基础货币：金融运行的出发点

> 要维系人民币币值稳定的目标，就不能再要求央行天天动用基础货币不断大手购汇。如果人们担心汇率因此失稳，损害出口、就业与增长，那就想法子寻找替代性资源进场买外汇好了。
>
> ——金融常识

整个商业银行体系借以创造存款货币的基础以及整个商业银行体系成倍扩张的源泉都在于基础货币，可控性、负债性、扩张性、初始来源唯一性是基础货币的4个共有属性。

基础货币是中央银行发行的债务凭证，包括商业银行的存款准备金（R）和公众持有的通货（C），它与货币基数、强力货币、始初货币含义相同。通货即流通货币，在商品流通过程中充当一般等价交换物，包括纸币、铸币等有形实体货币和信用货币。

基础货币的4个本质特征表现在：

1. 它不是中央银行资产或非货币性负债，而是货币性负债，源自于中央银行自身的资产业务供给。

2. 为达到调节和控制供给量的目的，通常由中央银行直接控制和调节它的变量。

3. 如果商业银行不持有基础货币，那么信用就无从谈起，因此基础货币是商业银行负债的基础。

4. 整个银行体系通过运用基础货币可以产生数倍于其自身的效果，中央银行通过其自身的业务可以供给基础货币。

基础货币拥有作为流通中的现金和商业银行的准备金两种用途，由银行体系内的法定准备金、超额准备金、库存现金以及银行体系之外的社会公众的手持现金等 4 部分组成，其计算公式是：基础货币 = 法定准备金 + 超额准备金 + 银行系统的库存现金 + 社会公众手持现金。

可见基础货币是由现金和存款准备金两种要素组成的，以下 4 个要素决定了其增减变化，分别为：央行对商业银行等金融机构债权的变动、国外净资产数额、政府债权净额、其他项目(净额)。其中最主要的因素就是央行对商业银行等金融机构债权的变动。

第一要素，央行对商业银行等金融机构债权的变动。通常，中央银行对商业银行的再贴现或再贷款资产，会使得商业银行增加注入流通的基础货币，继而增加超额准备金，大大增加货币供给量。反之，则相反。

第二要素，国外净资产数额。国外净资产是由外汇、黄金占款和中央银行在国际金融机构的净资产共同构成的。如果不考虑汇率的稳定性，中央银行就会被动干预外汇市场，以稳定汇率。这样中央银行的外汇占款就会受到外汇市场供求状况的影响，使基础货币表现出很大的波动性。

第三要素，政府债权净额。中央银行对政府债权净额增加一般有两种渠道：一种是直接认购政府债权；一种则是贷款给财政从而弥补财政赤字。

这两种渠道其实都是中央银行借助财政部门将基础货币注入了流通领域。

第四要素，其他项目（净额）。其他项目的影响主要体现在固定资产的增减变化以及中央银行在资产清算过程中应收付款的增减变化上。

原来央行也有公开市场业务

中央银行发行票据是为了解决正回购时手中现券不足的问题，为今后继续回笼货币创造条件。从这个角度看，央行完全可以采取 2002 年 9 月的做法，再次将未到期国债部分直接置换为中央银行票据。之所以没有这样做，是由于自 2002 年 6 月份以后央行连续正回购引导市场利率上升，市场资金情况因而变得较为紧张。

——金融常识

在存款准备金制度、再贴现政策和公开市场业务三大货币政策工具中，唯一能够直接使银行储备发生变化的主动性工具就是公开市场业务，它具有主动性和灵活性强的优点，但发挥作用需要一定的先决条件，那就是证券市场必须高度发达，并具有相当的深度、广度和弹性等。

中央银行买进或卖出有价证券、吞吐基础货币、调节货币供应量的政策行为就是公开市场业务。目前，多数发达国家的中央银行控制货币供给量都采取公开市场业务这种工具，中央银行买卖证券的目的不同于一般金融机构，它不是为了赢利，而是为了调节货币供应量。

公开市场业务作为国家宏观调控中不可或缺的组成部分，其在国家经济发展中的作用主要表现在：

对利率水平和利率结构产生影响

公开市场业务不仅可以直接影响利率水平，而且可以间接影响利率结构，中央银行大量购买有价证券，就会引起有价证券价格上涨、利率下降，从而实现扩张政策。因此，中央银行可以直接改变社会公众对不同期限证券的需求额以及利率结构。

对贷款规模和货币供应量进行控制

在公开市场买卖有价证券是中央银行影响金融市场状况的有效手段之一。中央银行在金融市场上资金比较匮乏时，就会在公开市场买卖有价证券，从而产生扩大信用规模、增加货币供应量的效应。反之，则相反。

配合再贴现率使用

公开市场业务通常与再贴现率政策配合使用，这样货币政策的效果会更加理想。

另外，公开市场业务还有如下优点：

1. 对银行存款准备金进行有效控制。

2. 较强的主动性使得中央银行的预期目标顺利实现。

3. 其产生的影响不会过于猛烈。

4. 伸缩性和逆转性较强。

回购和现券交易是中国人民银行公开市场业务债券交易的两个品种。

对政府债券经常使用回购交易这种质押贷款的方式。债券经纪人先将一定的债券临时出售给投资者，并约定在一定的时间内以高价回收。

现券交易是指中国银行与交易对手在银行间债券市场或场外市场，以约定的价格，通过买断卖断的方式转让一定数量债券的所有权，并在规定结算时间办理券款交割手续的交易行为。随着近几年的发展，其特征主要表现为：

1. 不断扩大交易对象。

2. 逐步丰富交易期限品种。

3. 不断拓展交易工具。

4. 尝试不同的交易方式。

5. 在积极开展回购交易的同时，加大现券操作的力度。

6. 制定相关的债券交易资金清算制度和操作规程。

公开市场业务的局限性表现在：

1. 细微的业务操作只能较弱地影响大众的预期，对商业银行的强制影响也较弱。

2. 具有较差的预告性。

3. 其影响力会因各种市场因素的存在以及各种民间债券的增减变动而受到影响。

4. 只有交易双方积极配合才能促成交易的实现。

央行的再贴现政策

目前适度宽松的货币政策和票据市场规模的不断扩大，为运用再贴现政策工具提供了更加有利的政策支持和更加广阔的操作空间。

——金融常识

中央银行通过制定或调整再贴现率，对市场利率和货币市场的供应及需求进行干预和产生影响，从而对市场货币供应量进行调节，这种金融政策就是再贴现政策。商业银行或其他金融机构将贴现所获得的未到期票据向中央银行转让的过程就是再贴现，这对中央银行来说，就是买进商业银行持有的票据，扩大货币供应量，而对商业银行来说，就是让出已贴现的票据，解决资金短缺问题。

商业银行将其贴现的未到期票据向中央银行申请再贴现时的预扣利率就是再贴现率，再贴现率的高低会对商业银行的再贴现需求，以及整体再贴现规模产生间接影响。

再贴现政策的作用表现在以下 3 个方面：

1. 影响商业银行的融资决策，进而影响放款和投资活动。

2. 能够预示中央银行的政策意向，从而对商业银行及社会公众的预期产生影响。

3. 确定票据是否具有再贴现资格，从而对商业银行的资金投向产生影响。

再贴现政策尽管有上述作用，但也存在着某些局限性：

首先，再贴现政策无法有效控制货币的供应量。表现在：（1）中央银行无法控制商业银行是否贴现，其地位比较被动。（2）增加了中央银行的压力，使其控制货币供应量的能力下降。（3）无论经济是繁荣还是萧条，商业银行都可能向中央银行申请再贴现或者借款，这就使得中央银行对货币供应量的控制难上加难。

其次，调整再贴现利率只能对利率水平产生一定的影响，而不能改变利率结构。当市场利率高于再贴利率，而利差足以弥补承担的风险和放款管理费用时，商业银行就会向中央银行借款，然后再贷出去；当市场利率高于再贴现率的利差，不足以弥补上述费用时，商业银行就会从市场上收回放款，并偿还其向中央银行的借款，也只有在这样的条件下，中央银行的再贴现率才能支配市场利率。

最后，再贴现政策缺乏弹性。一方面，随时调整再贴现率会引起市场利率的经常性波动，扰乱企业或者商业银行的经营秩序；另一方面，再贴现率不随时调整，中央银行就不能灵活地调节市场货币供应量，因此再贴现率只具有很小的弹性。

再贴现政策主要有长期和短期两种。

1. 中央银行较长期地采取再贴现率高于市场利率的政策就是抑制政策，其目的是为了收缩银根，使市场的货币供应量下降；而扶持政策就是放宽贴现条件，使再贴现成本降低，放松银根，使市场的货币供应量得到增加。

2. 短期的再贴现政策主要是指中央银行根据市场的资金供求状况，随时改变再贴现率，对市场利率造成影响，对市场的资金供求产生调节作用。

因此，只有重视并加强再贴现政策工具，推进社会商业信用票据化，使再贴现政策的各项功能得到大力发展，同时提高贴现和再贴现业务操作的水平，再贴现政策才能发挥积极的效应。

第八章

你不了解的银行常识——方便居民生活的金融服务

银行（Bank）一词源于意大利语“Banca”，其原意是长凳、椅子，其是最早市场上货币兑换商的营业用具。在我国，之所以有“银行”之称，是因为在中国历史上白银一直是主要的货币材料之一。“银”往往代表的就是货币，而“行”则是对大商业机构的称谓。银行是通过存款、贷款、汇兑、储蓄等业务，承担信用中介的金融机构。银行是经营货币的企业，是最主要的金融机构，它的存在方便了社会资金的筹措与融通。它主要的业务范围有吸收公众存款、发放贷款以及办理票据贴现等。

国内外银行名称的起源

北宋嘉祐二年（1057年），蔡襄至福州时，作《教民十六事》，其中第六条为“银行轧造吹银出卖许多告提”。这是“银行”一词单独出现最早的时间。到了南宋乾道六年（1170年），建康（今南京）城内不仅有远谷市、纱市、盐市、牛马市，而且“银行、花行、鸡行、镇淮桥、新桥、筐桥、清化桥皆市也”。

——金融常识

顾名思义，“银”就是银子，“行”就是商行，合起来便成了“银行”。的确如此，“银行”最初指的就是关于银子的商行。

在宋朝，社会公认的货币是铜钱，但黄金和白银已经具有了一定的货币职能。那时，专营黄金和白银兑换或专门打造金银首饰的店铺就被称为“金行”和“银行”。鸦片战争以后，现代银行被引入中国。在当时的中国，白银已经成为普遍流通的货币，于是中国人将那些办理存款、贷款、账号划拨、支票兑现等业务的机构称为“银行”。

上面说的是“银行”的汉语词源，那么在西方语言中“银行（bank）”

又是如何起源的呢？让我们追溯一下这段重要的金融史吧。

中世纪中期的欧洲，国家间的贸易往来口趋频繁，意人利的威尼斯、热那亚等几个港口城市地处亚非欧三大洲交汇处，紧邻地中海，是水运要道，久而久之成为欧洲最繁荣的商业贸易中心。在这里，各国商贩带来了五花八门的金币和银币，这些大小、成色、密度都不同的金币、银币想要交换和流通，就必须有一个权威的估价和兑换部门。就这样，职业的货币兑换商出现了，他们凭借专业的知识和鉴别技能，专门为别人鉴别、估量、保管、兑换各种货币。

最初，货币兑换商没有集中的办公地点，他们会坐在港口或集市上的长板凳上，等候需要兑换货币的人前来兑换。渐渐地，人们开始把这些专门为人兑换货币的人称为“坐长板凳的人”（banker），他们就是早期银行家的前身。而他们所经营的货币兑换机构则被形象地称为“板凳”（bank）。想象一下，我们现在去银行办理业务时是不是也要经常坐在板凳上等待？如此说来，将银行称作“板凳”还真是很形象呢！

世界银行的发展史

起先的货币兑换商只经营货币兑换业务，随着生意的扩大，其中的少数人又开始为商人们提供汇兑业务、吸收存款并发放贷款，同时向实业投资和商业贸易领域进军。

——金融常识

起先的货币兑换商只经营货币兑换业务，随着生意的扩大，其中的少数人又开始为商人们提供汇兑业务，吸收存款并发放贷款，同时向实业投资和商业贸易领域进军。1338 年，在佛罗伦萨经营货币兑换业务的商号已达 80 多家，其中的佼佼者当属巴尔迪（Bardi）家族和佩鲁齐（Peruzzi）家族，我们也可称之为巴尔迪银行和佩鲁齐银行。

那时的家族银行不仅从事货币业务，还从事商业和实业业务。比如，佩鲁齐家族经营的主业是纺织业，他们从英国购买羊毛，然后贩卖到巴黎、那不勒斯，同时将东方运来的丝绸、药物、香料推广到整个欧洲市场。广泛的市场需求产生了巨大的信贷需求，也为佩鲁齐家族创造了巨额的财富。以银行业的活跃与银行家族的兴盛为依托，佛罗伦萨成了当时整个欧洲的金融中心、贸易中心和经济中心。

然而正应了那句“盛极必衰”的话，1339 年爆发的英法战争给佩鲁齐家族带来了毁灭性打击。其缘由是这样的，战争爆发后，海外贸易的停滞切断了佩鲁齐家族的财路，同时英法双方又借机打压佩鲁齐家族。原来佩鲁齐家族与英法双方皆有商业贸易往来，双方手上都拿着大量佩鲁齐家族的贷款。战争爆发后，法国逮捕了许多佩鲁齐商业分支机构的代表，而释放他们需要付出大笔赎金，债台高筑的英国国王爱德华三世则直接宣布拒绝偿还巴尔迪和佩鲁齐银行的巨额贷款，这一赖账行为直接导致了巴尔迪银行和佩鲁齐银行的破产。这两家银行破产的效应随即从佛罗伦萨扩散开去，波及了整个欧洲，欧洲金融业和实业因此全盘崩溃。

尽管佩鲁齐银行曾经称霸欧洲，又消逝得令人唏嘘，但它还算不上是“地理大发现时代”以前世界影响力最大的银行，这一殊荣只有 1397 年成立于佛罗伦萨的美第奇（Medici）银行可以担当。

和佩鲁齐银行一样，美第奇家族也是海外贸易高手：经营来自亚洲的羊毛、丝绸和其他奢侈品，垄断了明矾贸易（当时是重要的染色剂）。当然，贷款业务也是他们的强项——美第奇银行以高利率向国王、教皇和商人借贷，教会是他们最大的客户，同时他们也帮助教皇管理巨额资产。而在美第奇家族早期的银行业务中，有一项特别引人注目的业务，那就是商业汇票。

怎么解释欧洲中世纪的商业汇票呢？

比方说，两个人买卖羊毛，买方可能没有现金，他必须将羊毛制成羊毛大衣并卖出之后才有钱支付给卖羊毛的人，这时他就开一张票，上面注明某某某欠款多少多少，这张票据是可以转让的，即使转到他人之手，持票人也可以拿着这张票据找买羊毛的人要钱，这就叫作商业汇票。

那时的佛罗伦萨是欧洲的商业贸易中心，遍地都是急需现金的人，他们愿意将手里的商业汇票低价转让。美第奇银行的业务就是吸收公众存款，用这些钱来低价购买商业汇票，到期后再将其按照票面价值兑现。

在罗马教廷统治下的意大利，美第奇这种敛财行为被看作是罪恶的，因此富可敌国的美第奇家族在佛罗伦萨曾多次遭到政府驱逐，财产没收充公，住宅焚毁，家族成员流放、处死、暗杀的打击。但每一次打击过后，统治者都会发现，他们比以往更加需要美第奇家族，于是不得不恭恭敬敬地再把美第奇家族的人请回来。就这样，美第奇银行家族“统治”了佛罗伦萨长达300多年。

在佩鲁齐和美第奇这两位龙头老大的带头作用下，越来越多的银行登上历史舞台，其中最值得一提的便是荷兰的阿姆斯特丹银行（Bank of Amsterdam）。

荷兰这个国家建立，最初是由于西班牙的商人们不愿忍受王室的压榨，便于1851年合伙成立了一个联省共和国，并从西班牙独立出来。在荷兰独立之时，欧洲的货币不仅五花八门、种类繁多，而且每一种货币的重量、金币含金量、银币含银量和铜币含铜量都不同，其价值计算极为繁琐，给贸易造成了极大的不便，这对于以商业和贸易立国的荷兰来说确实是个大难题。

不仅如此，从金币、银币上“揩金”、“揩银”的现象也十分普遍。这就是说，将金币与银币互相摩擦碰撞，蹭掉少量金银碎屑，原来的硬币还可继续使用，而金银碎屑积少成多，又可凭空赚上一笔。为了解决金属铸币不标准的问题，保护本国商业利益，1606年阿姆斯特丹市议会决定成立一家银行，这就是1609年正式开始营业的阿姆斯特丹银行。这家银行的特点就是，无论存款人存入的是外国铸币还是本地铸币，或者是金块银块，一律要经过称重和金属含量检验，然后该银行会按照金属的真实价值折算成标准的荷兰盾记账，发给存款人一个证明，存款人就用其存款证明的信用与所有人进行交易。

简言之，人们的钱一旦存入阿姆斯特丹银行，就会自动转化为标准的荷兰盾。其实，这个时候荷兰盾并没有作为货币真实存在，它只是阿姆斯特丹银行的一个标准记账单位而已。

这样一来，阿姆斯特丹银行将所有存入其中的金属铸币都给标准化了（当时全世界都在使用金银作为货币），这不仅避免了金银币兑换的麻烦，而且消除了汇率波动的风险，大大促进了商业和贸易的发展。因此，一时间，人们争相到阿姆斯特丹银行存款，以将自己的钱换成标准的荷兰盾为荣。

阿姆斯特丹银行由市政府担保，所有存款不能用于任何其他目的，更不允许放贷赚钱，因此银行各分支机构都储存了大量现金，根本没有任何停止支付的危险，这使得阿姆斯特丹银行成为17、18世纪全世界最有信用的金融机构。

1672年，法国与荷兰发生战争，法国国王路易十四军队即将开进阿姆斯特丹这座城市，惊恐万分的荷兰商人纷纷涌进银行要求兑现，阿姆斯特丹银行显示出了强大的信用能力，所有的兑现要求都得到了支付。结果却让人十分意外，当大家见识到银行完全可以满足所有人的兑现要求后，反而不想取款了。

在这样的信用支撑下，到18世纪时，阿姆斯特丹银行开始发行纸质凭据——银行券，这些银行券证明了人们存放于银行中的一定数量金银的所有权。在任何时候，人们只要拿着银行券到该行去提款，都能即刻兑现金银货币。为了保证银行券的流通，荷兰政府还规定，在阿姆斯特丹市凡是 600 荷兰盾以上的汇票，都必须用银行券来支付。为了兑付外国汇票，荷兰商人们不得不习惯与这些银行的汇票打交道，随着银行券逐渐替代白银，人们很少在交易过程中使用实物白银，而是直接用银行券买卖商品，纸币交易就这样慢慢地流行起来了。

尽管阿姆斯特丹银行拥有如此强大的能力与影响力，但它的命运实际上是与荷兰的国运联系在一起，与荷兰东印度公司的兴衰连接在一起的——伴随着 1780 年荷兰对英战争的失败，东印度公司的船只和货物损失严重，阿姆斯特丹银行的经营也日益困难，甚至开始限制和拒绝储户的铸币兑现要求。

1819 年，以信用著称并运行了 200 多年的阿姆斯特丹银行宣布倒闭，这也象征着荷兰这个曾经称霸世界的国家逐渐衰落了。

无限的信用 = 无限的货币

“我们总以为，央行的目标和任务越简单，越能与公众沟通，从而引导公众的预期也会更有效。但现在看来，实际市场并非我们预想的那样简单，在不同阶段，央行关注的重点需要不断转变，要以多目标代替单一目标。”

——周小川（中国人民银行行长，多次受邀在北大做演讲）

银行是如何实现财富骤增的呢？它有自己最独到且威力强大的武器，那就是信用。让我们回到阿姆斯特丹银行的例子，阿姆斯特丹银行又被称为阿姆斯特丹汇兑银行，这是因为它只是为了实现金银币标准化和汇兑而存在的，不开放私人贷款业务，也不允许私人账户透支。所以实际上，阿姆斯特丹银行是一个反面例子，它并没有很好地利用信用这一财富增值利器。

事实上，只有中央银行才能将信用的威力发挥到极致。接下来让我们看一个正面的例子——英格兰银行的发家史。

英格兰银行的发展历史大致可以分为 4 个阶段。

第一阶段：初步获利

迫于财政压力，英格兰国王接受了威廉·帕特森的建议，通过立法的形式，在国王名义下组建了一家享有纸币发行垄断权的股份制银行公司——英格兰银行。在成立后极短的时间里，英格兰银行就募集到 120 万英镑的股份，借此英国王室解了战争资金不足的燃眉之急，而成为银行股东的商人们也利用发行黄金券的权利，隐隐有取代地主成为英国经济控制者的趋势。不过此时，银行家也不过是高级金匠而已，利用信用实现财富骤增的时代还远未来临。

第二阶段：遭遇对手

英格兰银行不断扩大的业务、高额的利润，让南海公司眼热不已。这家同样具备强劲实力的大公司通过大肆贿赂战胜了英格兰银行，从后者手中接手了全部国债，同时发行股票，以募集购买国债的资金。由于南海公司的股票具备国家信用的性质，从农夫到教授，从普通民众到国王，所有人都疯狂追逐其发行的股票，短短几个月间其股价就涨了 4 倍。

股价暴涨和先期投资者的获利，使人们的心理发生了剧烈变化，不劳而获的投机思想大肆蔓延，于是大量不从事任何业务的“皮包公司”纷纷出现，就像 20 世纪初的美国一样，英格兰经济泡沫越堆越高，经济气球越吹越大！

第三阶段：重夺主动权

泡沫堆得再高终有破裂的一天。随着《泡沫法案》的颁布和南海公司腐败黑幕的披露，股市一路暴跌，一蹶不振。就连大科学家牛顿也赔进去 10 年的薪水，计算出天体运行轨迹的他终究低估了人类的疯狂。他读懂了头顶的星空，却无法勘破人心。

此时，我们的主角，英格兰银行扮演着什么样的角色呢？实际上，英格兰银行和南海公司不过是一丘之貉，其发行的纸币对经济泡沫的堆积起到了不可或缺的作用，并在其中赚到了高额的利润。但是，不管怎么说，英格兰银行发行的商业票据是和金银货币一一对应并且可以随时兑换的，这无疑给了公众极其巨大的信心。南海泡沫事件之后，英格兰银行重新掌握了国债的独家承销权，并且独家发行伦敦附近地区的纸币。

其后，利用自身强大的信用，通过《银行特许条例》，英格兰银行获得了发行库存金银价值 4 倍的纸币的特权。请注意，阿姆斯特丹银行库存 1 枚金币的时候，只能发行面额为 1 枚金币的纸币；而英格兰银行却可以在这种情况下发行价值 4 枚金币的纸币，3 枚金币无异于从天而降。

马克思说："资本如果有 50%的利润，它就会铤而走险；如果有 100%的利润，它就敢践踏人间一切法律；如果有 300%的利润，它就敢犯下任何罪行，甚至冒着被绞死的危险。"不难想象，银行为了维护高额的利润曾作出过怎样铤而走险的事。不过，3 倍的财富和其下一阶段的利润相比，实在不算什么。

第四阶段：无限信用

随着第一次世界大战的来临，英国财政出现危机，英国政府把稳健的金本位制度完全抛在了脑后，而垄断了纸币发行权的英格兰银行就拥有了"想印多少就印多少"钞票的权力。设想一下吧，如果你拥有这种信用，就可以根据所谓的"需要"印制纸币了，即使除了那台印钞机以外你一无所有，也可以在第二天成为世界上最有钱的人，将无限的信用转化成无限货币的美梦终于实现了。第二次世界大战之后，英格兰银行的模式逐渐被西方各国所效仿，中央银行纷纷出现在法、德、奥、意等国家。

中国银行的发展史

> 新中国成立之后，到 1979 年改革开放之前，中国的银行体系总的来说是高度集中的银行体系，全国基本上只有一家中国人民银行，它既掌管货币发行和管理金融活动，又办理一切银行业务。随着经济体制改革和金融体制改革的推进，中国开始打破“大一统”的银行体系，逐步恢复和组建了中国农业银行（1979 年 2 月恢复）、中国银行（1979 年 3 月分设）、中国人民建设银行（1979 年分设，1983 年明确为金融经济实体，1996 年更名为中国建设银行）、中国工商银行（1984 年分设）。
>
> ——金融常识

在中国近代，也就是 1840 年鸦片战争之前，类似现代银行的钱庄、票号之类的机构早已存在，著名的晋商很多就是以此发家的，近年来他们的故事还拍成了不少电影电视剧。不过，这些商业形式与现代银行相去甚远。

清政府于 1897 年组建了中国通商银行，之后不久又组建了户部银行、交通银行，这些银行发行纸币，承担存贷业务，已经初步具备了现代银行的特征。

1912年，清政府灭亡后，民国政府像世界其他现代国家一样，将中国银行（原清政府户部银行）确定为纸币发行机构。实际上直到1935年之前，中国的法定货币都是银元，纸币是作为银元的兑换凭证而存在的。手持银行发行的纸币，理论上可以在中国银行随时兑换成足额的银元。

值得一提的是，在这一段时间里，中国民族资本获得了长足的发展，一大批民间商业银行纷纷出现，盐业银行、农商银行，以及由大名鼎鼎的晋商出资成立的地方性银行山西裕华银行是其中的代表。这些民间商业银行也纷纷发行自己的钞票，当然，同中国银行的纸币一样，这些钞票也是与银元直接挂钩的。

1935年，南京国民政府站稳了脚跟。它放弃了银本位制度，规定由中央、交通、中国3家银行发行法币，作为法定货币，禁止银元流通，同时不允许其他银行继续发行纸币。这样一来，南京国民政府将货币发行权和中国的经济命脉牢牢地抓在了自己手中。

需提醒大家的是，法币发行之初，南京国民政府规定以法币1元兑换银元1元。相信很多人都见过民国时期的银元，又大又厚，含银量高，十分沉重，也就是说1枚银元的购买力是很大的。当年法币的发行总量只有4.5亿元，这个数字刚巧和当时的人口数量相当。也就是说，如果你有幸穿越到1935年，而刚好手里有法币1元，那么恭喜你，你已经拥有了全国4.5亿分之一的财富。如果你还是没概念，我们不妨做个对比，截至2011年年底人民币的发行总量是90多万亿，如果你拥有4.5亿分之一，那就是40多万！

接下来，法币发行量一路飙升，到1945年总量已达到5569亿元，你的4.5亿分之一变成了5569亿分之一，贬值1000多倍。3年之后，发行量达到600万亿元，又贬值1000多倍。之后，民国政府又变法币为金圆券，不必细说，都是一路货色。可以说，除了民国政府手中的真金白银外，全国人民已经一无所有了。

最后，我们来说一说新中国银行的发展历史。在新中国成立前夕，解放区就成立了自己的银行，发行了自己的纸币。人民的银行当然叫作中国人民银行，人民的纸币当然叫作人民币。在计划经济的大环境下，商业银行没有存在的基础，金融机构也很简单，所以全国只有一家银行，统存统贷，全都由人民银行自己搞定。

随着改革开放和金融结构的日益复杂化，人民银行显然无法承担如此繁重复杂的职能，商业银行业务、保险业务、部分外汇业务逐渐从中国人民银行剥离，中国农业银行、中国银行等国有商业银行陆续成立。接下来就是，中农工建四大商业银行承担商业银行职能，股份制商业银行成立（交通、中信、华夏等银行），民营资本银行成立（民生银行），专营银行投资业务的证券公司出现。

中国人民银行逐渐转型成为专门的中央银行，以其为核心的与西方相似的银行在中国被确立下来。

最高的货币金融管理机构

"自 2003 年开始我们对金融机构进行'在线修复'以来，过去的不良资产把资本系统全部吃掉，直到现在仍然不够，现在利差大一点，也是为了使得各个金融机构自我恢复能力能够提高。"

——周小川（中国人民银行行长，多次受邀在北大做演讲）

第二次世界大战之后，亚洲、非洲、拉丁美洲等国纷纷在国内设立中央银行。在当今世界，以中央银行为核心的金融体系已在全世界各国确立下来，其中包括大名鼎鼎的美国联邦储备委员会、欧洲银行，当然还有我们的中国人民银行。既然中央银行基本不承担商业职能，那么中央银行都做些什么呢？概括起来有 4 个方面：印制钞票、管理银行、调控经济、代表政府。下面我们就来详细说明。

印制钞票

在金银本位的货币体系中，从理论上讲，作为货币流通的应当是金银，但是金银又大、又脏、又沉，很不好用。你把一块金子存到银行，银行给你一张钞票，以表明你在银行存着金子。你给政府干活了，政府本来应该给你金子，但他就给你一张纸，这听起来入情入理，因为钞票就是金子，金子就是钞票。在这个时候，银行得存着金子才能给你钞票，有多少金子才能印多少钞票。

但在当今世界，已经没有一个政府实行所谓的金银本位货币制度了，银行也没有那么巨大的黄金储量。你给政府干活了，政府说，“对不起啊，要金子没有，给你打个白条吧”。别人打白条，你是万万不肯的，但是政府不同，它有信用，最关键的是，它的信用已被普遍接受，你拿着政府的白条就可以买米买面了。这张白条就是现在我们手中的钞票。它并不说明你手中有多少财富、有多少金银，只说明你是中央银行的债主。

不管怎么说，中央银行负责印制钞票，并把发行的钞票记在账目中“债务”一项。据2011年统计数据显示，中央人民银行有资产200多亿，但负债28万多亿，谁要是手里有200多块钱却欠债28万还不得愁死，但中央银行不愁，因为这个钱不用还，也没法还。

管理银行

大家都知道，中国中央银行受国务院领导，是政府机构，虽然顶着银行的名字（因为它也办理存款、贷款、汇兑等业务，只不过是面向银行的），但和诸多商业银行大为不同。商业银行是企业，需要挣钱，但作为政府机构的中国人民银行，其职责是管理，管理金融机构。怎么管理呢？主要手段是收集存款准备金、给商业银行贷款、对商业银行清算。

调控经济

中央银行具备金融管理职能，其目的是调控经济。随着中央银行的不断发展，现代中央银行可以运用调整利率、调整存款准备金率、公开市场操作三大手段调控整个经济的运行，防止经济过冷或过热，避免出现不可接受的通货膨胀或者通货紧缩，保持经济平稳运行。进一步，还可以利用三大手段不断刺激经济增长。

代表政府

中央银行代表政府经管国库、代理国债、管理外汇、储备黄金等等，并对外参加国际金融组织，参加国际会议。

银行业金融机构的分类

> 本法所称银行业金融机构，是指在中华人民共和国境内设立的商业银行、城市信用合作社、农村信用合作社等吸收公众存款的金融机构以及政策性银行。对在中华人民共和国境内设立的金融资产管理公司、信托投资公司、财务公司、金融租赁公司以及经国务院银行业监督管理机构批准设立的其他金融机构的监督管理，适用本法对银行业金融机构监督管理的规定。
>
> ——《中华人民共和国银行业监督管理法》

从功能上来看，银行基本上可以分为中央银行、商业银行、投资银行、储蓄银行和其他机构。上文中已详细介绍了中央银行，下面介绍一下其他银行。

商业银行是银行中最主要的一类，数量最多，业务最广，与普通民众关系最为密切。在中国，除了人民银行之外，其他被冠以“银行”名称的如工商银行、浦发银行、北京银行等，都是商业银行。

商业银行的主要业务就是吸收存款和发放贷款，为公众提供金融服务，它们本质上是企业。既然是企业，那么银行的经营目的自然就是获得利润，当然也就可以采取股份制形式，可能出现破产的情况。所以说银行有风险，存款需谨慎，万一它破产了，你存的钱可就没了，不过这种情况基本上是不可能出现的。

值得一提的是，还有一种不以赢利为目的，而是承担某些特殊职责的商业银行，我们将其称作“政策性银行”。目前我国有3家，分别是国家开发银行、中国进出口银行、中国农业发展银行。

我国没有储蓄银行，就不详细介绍了，它也吸收存款、发放贷款，具有互助合作性质。

投资银行在我国一般不冠以“银行”的名称，也不在人民银行管理之下，它被公众熟知的另一个名称是证券公司，接受证监会的管理，从事证券发行、承销、交易、企业重组、兼并与收购、投资分析、风险投资、项目融资等业务。

投资银行不经营吸收存款、发放贷款业务，实际上已经不符合银行的特征，已不是传统意义上的银行。

随着国际贸易和国际金融的不断发展，国内商业银行、储蓄银行、投资银行显然无法满足国际金融贸易交流的需要，一大批国际的或者是地区性的银行性质金融组织被建立起来，比如一战后成立的国际清算银行、二战后建立的国际复兴开发银行以及后来的亚洲开发银行、非洲开发银行等等。

第九章

无处不在的信用——金融市场的“灵魂”

金融是现代经济的核心，而信用是金融市场的“灵魂”，金融市场的运行和发展都与信用分不开。金融市场上的交易大都不是实物买卖，而是要经过一段时间之后才能完成的交易，这就需要良好的信用基础。没有信用就没有秩序，无论是商业信用、银行信用、国家信用，还是消费信用、个人信用，都是金融市场上不可缺少的部分，在社会经济活动中发挥着重要作用，一旦金融市场的信用不佳，这些金融机构的安全将会受到直接影响。

货币：信用的起点

随着经济的发展和交易的增长，实体经济对货币的需求不断上升，但是货币金属的提炼技术进步非常缓慢，每年的产量基本上是稳定的，如果没有外来货币的补充，最终会因跟不上货币需求的步伐而出现通货紧缩，严重破坏经济发展。因此，从理论上讲，由独立的中央银行控制纸币发行并只对纸币价值负责的制度，应该是最合适、最先进、最有效的货币制度。

——金融常识

生活在现代，谁也离不开纸币，可是人们很少细想为什么区区几张纸竟有如此大的能量，可以换来一切生活所需，让人趋之若鹜。其实，几张纸本身根本没有什么能量，拥有巨大能量的是信用。纸币在本质上就是一种信用凭证。

纸币是由国家发行的强制使用的货币符号。在纸币产生以前，市场上流通的是金属货币，但随着经济的进一步发展，金属货币显示出了一系列弊端，比如在大额交易中使用起来极其不便，还会出现磨损等问题。在这样的情形下，作为金属货币象征的纸币就出现了。

世界上最早的纸币叫作“交了”，产生于中国的宋朝。据史料记载，宋朝时，四川地区通行的货币是铁钱，但铁钱极为笨重，如果买一匹马要用铁钱 2 万枚，购买者就要背 100 多斤的铁钱去交易，极为不便。到宋真宗的时候，成都 16 家富户为了解决铁钱不便的问题，联合起来共同发行了“交子”。“交子”是四川的俗语，也称票证、票券，取交合之意，即“合券取钱”。交子可以在市场上流通，人们可以拿着交子到交子铺兑换现钱，每千钱扣除 3%作为手续费。

交子能成为货币，关键在于交子发行者的信用。正是由于交子的发行者承诺兑现，并在具体经济活动中实际兑现，人们才会把交子当作货币看待。也就是说，纸币的本质就是纸币发行者开出的承诺。

回顾一下货币的发展史，其正是沿着这样一条线路走到了今天：易货贸易—生活必需品—稀缺高档品—易分割的金属—金银—纸币。货币为了方便交易而生，在信用的促进下一步步走向普及。下一步，货币将走向何处呢？随着信息技术的不断发展与完善，未来货币也许会电子化、无形化，最终货币的实体会消失。但是，它所代表的信用不会消失，纸币的本质不会有丝毫改变。

当然，纸币也并非完美无缺。由于纸币的信用完全取决于发行者的行为，加上市场对于货币发行量的重大变化存在明显的滞后性，因此信用很容易被货币发行者所控制和滥用。现在社会的货币发行者都由各国政府担任，如果政府不加限制地滥发货币，该种货币就会失去信用，早晚会被抛弃。因此，在纸币制度下，储蓄者处于非常不利的地位，如果纸币系统崩溃，储蓄者手中的纸币就会变成一堆废纸。

最典型的例子发生在俄国十月革命时期。1918 年，苏维埃政府为了筹集经费，大量发行卢布，导致卢布急剧贬值，老百姓拒绝接受。革命成功之后，新政府发行的卢布没人要，沙皇时期的旧卢布因为发行量小、币值稳定，反而受到老百姓的欢迎和信赖。究其原因，就在于苏维埃政府过量发行卢布的行为破坏了卢布这种纸币的信用。一个负责任的政府会尽量保证其所发行的纸币保持币值稳定。当出现通货膨胀时，政府会立刻采取相应的信用紧缩政策予以应对。只有不负责任的政府才会通过大量发行纸币制造通货膨胀，掠夺民众财富。但是，即使是再负责任的政府也不可能完全避免超量发行货币的现象。这一点，我们从各国所发行的纸币面额都在逐渐增大中便可见一斑。

信用评级：绝不可以违反“游戏规则”

1902年，穆迪公司的创始人约翰·穆迪将铁路公司的经营和财务信息收集起来，进行统计和分析，并用A、B、C等符号表示不同公司的信用状况，这就是最初的信用评级。随着投资者对评级服务需求的增长，市场上开始出现信用评级公司。

——金融常识

信用在经济学中是一个重要的概念，《新帕格雷夫经济大辞典》对信用的解释是：“让渡某物（如一笔钱）的财产权，用以交换在将来的某一特定时刻对另外的物品（如另外一部分钱）的所有权。”举个简单的例子：我们将钱存在银行，为的是将来可以取出相应的钱来，我们之所以相信银行会把钱还给我们，就是因为有信用的存在。信用是社会经济发展的产物，维持和发展信用关系，是保护社会经济秩序的重要前提。

信用越是高度社会化，信用风险的成因就越复杂，债权人想要判断债务人的信用风险的难度就越大，由此专门从事信用风险研究的信用评级机构应运而生。信用评级是一种社会中介服务，评级中介机构通过测评受评对象的一系列信用指标，包括还款能力和意愿、违约概率等，来为社会提供资信信息，或为债权人提供参考。信用评级制度源于美国。1902年，穆迪公司的创始人约翰·穆迪开始对当时发行的铁路债券进行评级，后来延伸到各种金融产品及各种评估对象。时至今日，全球最大的3家信用评级公司分别是惠誉国际、标准普尔和穆迪。现在，信用评级已经成为社会信用体系存在和发展的基础，并在市场经济发展中发挥着越来越重要的作用，主要表现在以下几方面：

1. 信用评级有助于企业防范商业风险，为建立现代企业制度提供保障。

2. 信用评级能够帮助商业银行确定贷款风险程度，并有效进行信贷资产风险管理。

3. 信用评级有利于资本市场的公平、公正、诚信。

尽管信用评级对于保障和促进社会诚信具有重要作用，但它也有局限性，它的判断并不完全准确，只能用作辅助参考，投资者仍需自行判断，不可盲目相信。信用评级的局限性体现在下列方面：

资料的局限性

对一个公司进行信用评级，需要该公司提交相应的资料，但这些资料只能反映公司过去的经营业绩，并不能代表未来，所以根据过去资料所作出的信用评级结果并不能完全作为判断该公司未来市场表现的依据。

信用评级评价内容的限制

证券商品的价格除了受到自身质量和市场利率影响之外，还受到投资者偏好等不确定因素的影响。然而，信用评级机构不是以市场行情、投资人气为评判依据的，所以信用评级的结果不能反映某公司证券在市场上受追捧的程度，信用级别仅是影响证券价格变动的因素之一。所以说，投资者如果仅依据信用评级的结果来选择购买哪家证券，结果是不可预料的。

信用评级对管理者的评价不足

一般来说，只有管理科学、运作高效的公司才有可能获得丰厚回报，这对于公司管理者有着极高的要求，但是信用评级无法详细具体地评价公司管理者，因此这又成了信用评级无法涵盖的空白地带。

中国的信用评级制度形成于20世纪80年代末90年代初。中国人民银行征信管理局的成立是中国信用评级制度发端的标志。中国人民银行《信贷市场和银行间债券市场信用评级规范》的制定与实施，为实现信用评级业的统一监管、规范竞争和有序发展创造了必要条件，标志着中国的信用评级业已开始全面展开。但是，由于中国信用评级刚起步不久，评级机构经验不足，其权威性和独立性还有待加强。

目前，中国的信用评级公司主要有中诚信国际、联合资信、大公国际、上海远东资信、上海新世纪评级等。中国的信用评级正处在逐步向国际化、规范化发展的阶段，政府也加大了对信用评级业的支持力度，相信中国的信用评级事业会发展得越来越好。

商业信用：企业的生存之本

> 做企业有三重境界，分别为生意人、商人和企业家。生意人是完全的利益驱动者，为了钱，什么都可以做；商人重利轻离别，但有所为，有所不为；企业家则是带着使命感要完成某种社会价值。
>
> ——马云（阿里巴巴创始人，多次受邀在北大做演讲）

如前所述，当代社会的经济生活中充满各种类型的信用，有商业信用、银行信用、国家信用、消费信用、个人信用等，它们是市场经济健康发展的重要保证。在众多类型的信用中，商业信用具有很大的外在性，因此它在一定程度上影响着其他信用的发展。

商业信用是企业的灵魂，一个没有信用的企业是无法在市场中生存下去的。商业信用是随着市场经济的发展而逐渐产生并日益为人所重视的。根据马克思主义政治经济学原理，在商品经济条件下，各个企业在产业资本循环过程中相互依赖，由于企业之间在生产时间和流通时间上存在着不一致，所以商品运动和货币运动在时间和空间上会产生脱节。为了满足企业对资本的需要，商业信用应运而生，企业互相提供商业信用，保证了整个社会再生产的顺利进行，这便是商业信用产生的根本原因。商业信用产生的另一个原因在于满足产业资本的循环和周转、商业资本的存在和发展的需要。

商业信用的主要形式包括赊购商品、预收货款和商业汇票。商业信用的本质在于主观上的诚信加之客观上兑现承诺的行为，从而获得商业信誉。商业信用有 3 个特点：

1. 商业信用的主体是工商企业。

2. 商业信用的客体主要是商品资本，因此它是一种实物信用。

3. 商业信用与产业资本的变动是一致的。

新中国成立后，中国商业信用的发展经历了 3 个主要阶段：

第一阶段：这一时期是商业信用的起步阶段。在国民经济恢复和“一五”计划期间，商业信用为中国经济的恢复发挥了一定的积极作用。

第二阶段：这一时期是商业信用的停滞阶段。从“二五”计划开始至 1978 年前，除采购农副产品和制造长期的大型设备可预付订金外，其余交易一律禁止运用商业信用。

第三阶段：这一时期是商业信用快速发展阶段。改革开放至今，中国商业信用的应用范围逐步扩大，在市场经济中发挥了积极作用，并将以越发强劲的姿态去创造中国商业的未来。

银行信用：把钱存银行最放心

银行本身就是一个信用机构，所以要求每个员工必须是很讲信用的。“信用”二字是无形的资产，尤其是对银行来说。银行业素有“铁算盘”的信誉，这是银行会计诚信的体现。

——金融常识

对于老百姓来说，“有钱存银行”可以说是生活中再平常不过的事情了，虽然近年来越来越多的人愿意把钱拿出去做些投资或进行一些奢侈的消费，但“有钱存银行”的理念在人们心中仍然占有重要的分量，因为对普通人来说，把钱存进银行最有安全感。

那么，为什么人们都喜欢把钱存进银行？为什么人们会觉得把钱存进银行是最放心的呢？这就关系到我们要讲的银行信用了。

银行信用是商业银行或其他金融机构对企业或个人的承诺及其兑现承诺的行为。在商品交易过程中，银行通过吸收存款的方式筹集资金，再用这些钱为资金不足的买方提供支持，同时也帮助卖方扩大销售，这种商业运行模式的典型例子有很多，小到我们现在俗称的“贷款买房”、“贷款买车”，大到企业向银行贷款等等。这种模式以银行为中介，以银行信用为依托，以贷款的方式对国民经济各部门产生了巨大的影响。

银行信用之所以高于其他信用形式，主要原因就在于银行对风险有较强的防范能力。商业银行等金融机构以贷款的方式授予企业信用，贷款和还贷方式的确定是以企业信用水平为依据的，对不符合其信用标准的企业，商业银行会要求其提供抵押、质押作为保证，或者由担保公司为这些企业做担保。正是由于银行对风险具有高度的防范能力，所以它成为深受人们信赖的信用机构。

另外，除了安全系数高这个因素之外，银行信用所具备的特点也是人们喜欢把钱存进银行的原因。从一定程度上来说，银行信用比商业信用更有优势，具体表现在：

1. 银行信用是以货币形态提供的。银行贷款放出去的不是商品资本，而是从产业资本循环过程中分离出来的暂时闲置的货币资本，克服了商业信用在规模上的局限性。

2. 银行信用的借贷双方是货币资本家和职能资本家。银行提供信用的形式是货币，克服了商业信用在使用方向上的局限性。

3. 在产业周期的各个阶段，银行信用的动态与产业资本的动态往往不一致，这与商业信用正好相反。由于银行信用是间接信用，银行只是存款人和贷款人的中介，所以它不同于其他的商业、证券经纪人，存款人对银行如何运用存入资金无权过问，所以银行在资本主义经济中逐渐由简单的中介人发展成“万能的垄断者”。

在资本主义社会的信用体系中，银行信用是主体，商业信用是基础。从直接信用和间接信用的关系来看，直接信用是基础，间接信用是直接信用的后盾。具体说来，如果没有银行信用的支持，商业票据就不能转化为银行信用，商业信用等直接信用也无法在较大的范围内发展起来。

因此，银行信用在社会经济发展中占有举足轻重的地位，它对其他信用起着一定的主导作用和促进作用，正是因为银行信用的存在，当代世界的商品经济才会如此繁荣、生机勃勃。

国家信用：一张纸片就可以买东西

国库券是 1877 年由英国经济学家和作家沃尔特·巴佐特发明，并首次在英国发行的。沃尔特认为，政府短期资金的筹措应采用与金融界早已熟悉的商业票据相似的工具。后来许多国家都依照英国的做法，以发行国库券的方式来满足政府对短期资金的需要。

——金融常识

对金融知识有一定了解的人都知道，金融危机爆发时，银行等金融机构会纷纷倒闭，人们存在金融机构里的钱也会化为乌有，因此在这种时候，投资者对大多数金融机构都会持观望态度，不会轻易把钱拿出来。可就是在这样的危急关头，国债却越发受到投资者的青睐，甚至出现“排队购买国债”现象，这不得不说是金融界的奇观。

国债之所以成为经济不景气时期人们最热衷的理财工具，关键就在于它以国家作为后盾，是国家信用的表现。国家信用是国家以债务人的身份获取的信用，它是指国家按照信用原则，以发行债券等方式，从国内外货币持有者手中借入货币资金，因此国家信用是一种国家负债。国家信用的基本形式是发行政府债券，包括公债、国库券、专项债券等。只要国家还存在，国债就不会像股票一样出现“退市”的情况。

因此，国家信用是可信度最高的一种信用形式，它是国家实施财政政策，进行宏观调控的一种措施与手段。

国家信用的产生，主要是由于国家出现了财政赤字，需要国家发行公债来筹集资金周转，发生财政赤字的原因主要包括：

第一，战争。战争需要耗费大量社会财富，导致财政开支剧增，政府无力承担。

第二，政府腐败。政府的腐败可能导致国家财政入不敷出，出现赤字。

第三，政策不当。不当的政策会导致财政超前支出，造成赤字困难。

在和平年代，财政赤字的出现大多是由于后两种原因。国家要发展经济，要提高人们的生活水平，就必然要涉及开拓原材料工业、发展电力能源工业和交通运输业，进行必要的市政建设、发展服务行业等。但是，这类基础设施建设耗资巨大，如果花销超过了国家财政负担能力，就会形成赤字。

通过国家信用，政府可以获得充足的资金进行周转，缓解财政赤字带来的危机。因此，国家信用不仅是一国政府的一种信用活动，更是国计民生的重要保证，是政府的可靠后盾。

国家信用的形式多种多样，通常包括以下几种基本形式：

1. 公债。公债是一种长期负债，一般在 1 年以上或者 10 年甚至 10 年以上。这种负债通常用于国家大型项目的投资、建设，发行公债一般不注明用途和项目。

2. 国库券。国库券与公债相反，它是一种短期负债。以 1 年以下居多，一般为1个月、3个月、6个月等。

3. 专项债券。专项债券，顾名思义，是一种指明用途的债券，例如中国发行的国家重点建设债券。

4. 财政透支或借款。在公债、国库券、专项债券仍不能弥补财政赤字时，国家就要向银行透支和借款，弥补余下的财政赤字。但是，透支和贷款也有所不同。透支一般是临时性的，有的在年度内偿还。借款一般期限较长，要等隔年财政收入大于支出时（包括发行公债收入）才能偿还。

消费信用：超前消费是时尚还是陷阱

目前我们应该适度地引导人民消费，在控制中超前消费，这对拉动内需肯定能起到积极作用。但是这需要信用卡经营机构和从业人员加以引导控制。过去人们都是大量存钱养儿防老，现在时代不同了，人们应该适度地超前消费。

——李卫平（中国工商银行牡丹卡中心总裁、北大研修班校友）

前几年，一个金融学小故事在老百姓中非常流行，说的是一个中国老太太和一个美国老太太死后在天堂相遇了。中国老太太说："我攒了一辈子，临死前终于把买房子的钱攒够了。"美国老太太说："我还了一辈子，临终前终于把买房子的钱还清了。"

这个故事流行时，超前消费方式还没有在中国热起来，那时中国人羡慕美国的借贷消费，感叹着两个老太太虽说都辛苦了一辈子，但美国老太太生前已经享受了很多年的大房子，而中国老太太却没有这个机会了。然而，在短短几年时间里，中国人已经学会并习惯了这种超前消费，如今"按揭买房"、"分期付款"已然成了中国的热门词汇。而大洋彼岸的情形又如何呢？一个个没有月供偿还能力的“美国老太太”制造了一次震惊世界的次贷危机。这些问题，就涉及我们即将讲到的消费信用。

当今社会是快节奏的社会，人们对物质的不懈追求促进了消费意识的进步，如今我们已经进入超前消费的时代，也就是说，现在的人们可以拿明天的钱来圆今天的梦。当然，使这一梦想变为现实的关键就是金融市场中的消费信用。

消费信用是由企业、银行或者其他消费机构向个人提供的信用。消费者可根据自身消费情况，向企业、银行或者其他机构预支现款进行消费。其中，企业提供的消费信用包括信用销售和分期付款两种形式。信用销售俗称赊销，指的是卖方与买方签订购货协议后，卖方让买方取走货物，而买方按照协议在规定日期以一次性付款或分期付款的形式付清货款的交易行为。分期付款主要运用于某些价值较高的耐用消费品的购买上。

由于消费信用的存在，消费者可以购买自己经济能力以外的商品，这大大刺激了商品流通市场，从而促进了商品的开发和生产。同时，消费信用对于新技术的开发、新产品的推销以及产品的更新换代也起着巨大的推动作用。

尽管消费信用对于经济发展起到了很大的推动作用，但是它也会受某些因素的制约。一般来说，制约消费信用的因素主要有以下几方面：

1. 总供给的能力与水平。一般情况下，总供给的水平越高，消费信用的规模就越大。

2. 居民的实际收入和生活水平。消费信用不能超出居民的实际收入太多，否则就会发生次贷危机。

3. 资金供求关系。资金越是供不应求，消费信用的市场就会越大。

4. 消费观念和文化程度。它们制约着消费信用的普及程度和消费总量。

随着社会的发展，超前消费确实给我们的生活带来了很大变化。同时，超前消费缓解了市场的压力，使消费结构更加合理，反过来又起到了促进生产的作用，使生产与消费能够相得益彰、共同增长。

但是，凡事皆有两面，超前的消费意识也不例外，在看到超前消费优势的同时，我们也要清醒地看到其弊端。由于消费意识超前，人们过度地追求物质享受，往往会产生不理性消费，最终难以填补超前消费的窟窿，长此以往，甚至会引发经济危机，造成整个经济系统的崩溃。因此，在享受消费信用带来的好处的同时，我们也要加强对这种信用形式的监管，同时提倡理性消费，要求消费者对自己也对社会负责。

个人信用：最值得我们珍惜的信用

> 爱惜衣裳，要从新的时候做起；爱惜名誉，要从小的时候做起。
>
> ——普希金

在北京工作的王宁最近打算结婚了，他在通州区看中了一套商品房，打算购置下来作为婚房。王宁很顺利地与开发商签订了购房合同，并交了25万元的首付款。正当王宁想着办好了银行贷款就可以乔迁新居时，银行工作人员告诉他说，他有几次不良信用记录，可能无法通过贷款审批。王宁这才想起，在自己刚参加工作时，曾有几次信用卡逾期还款记录，这使他的个人信用受到了影响，导致无法办理银行贷款。王宁追悔莫及地说："想不到几年前的逾期还款记录会成为今日买房结婚的障碍。"

生活中，很多人都有着和王宁类似的经历。根据中国人民银行公布的数据显示，仅2010年第三季度，商业银行利用征信系统拒绝高风险客户信贷业务申请661.9亿元，预警高风险贷款480.7亿元。这些所谓的"高风险客户"正是根据往日的不良个人信用记录得出的结论。如果个人行为失去约束，会给个人和集体带来不可估量的损失。因此，个人信用体系建设具有极其重要的意义，每个人都应当珍惜自己的个人信用。

在现代社会，个人信用不仅显示着一个社会的道德风尚，更是一个国家经济发展的巨大资源。利用好个人信用，能够有效推动消费、优化资源配置、促进经济发展。随着市场经济的发展，个人信用的功能也随之增强。现在，评价一个市场体系是否成熟的标志之一，就是个人信用体系是否完善。

具体说来，个人信用可以分为个人消费信用和个人经营信用两种形式。

所谓个人消费信用，是指个人以赊账方式向商家购买商品，也包括金融机构向个人提供的消费信贷，即贷款。个人消费信用主要用于购买耐用消费品，如房屋、汽车、珠宝，也包括各种劳务，如教育、医疗等。

个人经营信用是企业信用的人格化和具体化，也就是企业信用在经营者个人身上的集中反映。

近年来，中国人的信用意识已经逐步增强，人们越发感觉到信用与自身生活息息相关，个人信用已经逐渐成为个人的一笔无形资产。

比如说，在办理信用卡时，信用状况良好的人能够获得更高的信用额度，而且随着还款行为的累积，信用额度还会继续提高。反之，如果个人信用状况不好，则只能办理较低的信用额度，严重者甚至会无法获得办理资格。此外，随着利率市场化的推进，那些信用记录良好的优质客户不仅更容易获得银行贷款，还能享受到利率的优惠；而信用记录较差的客户在办理业务的时候会遇到重重阻挠，从而影响自己的生活。

不过，曾经的行为并不能代表永远，所以不良信用记录也不会永远留在信用档案中。大部分不良记录将在个人征信系统中保存 7 年，破产记录中保存 10 年，查询记录中保存 2 年。

个人信用是一个人最值得珍惜的信用，随着中国征信体系的进一步完善，个人信用对于我们每个人的日常生活所产生的影响将会越来越大。所以，我们在日常生活中要从一点一滴做起，全面维护自己的个人信用。

第十章
这是“钱”吗
——虚拟货币是货币还是商品

随着互联网的发展与普及，网络虚拟货币作为一种新的交易媒介，以强势的姿态进入网民的生活，并日益成为网络交易的新宠。甚至在黑市上，虚拟货币还可以兑换成现实货币，由此催生了以虚拟造币为职业的人群。现实与虚拟之间，界限已变得如此模糊。但是，无论是哪种虚拟货币，其发行都不受中央银行的管制。这样的态势让人们不禁产生疑问：虚拟货币是钱吗？它的流通会对现实的货币体系产生影响吗？

网络虚拟货币——“货币”史上的飞跃

“全球每天的金融交易中，仅有 2%与实体经济有关。从 2050 年开始，基于网络的虚拟货币将在某种程度上得到官方承认，成为能够流动的通行货币。”

——林顿·拉鲁什（美国经济学家）

Beenz.com 公司的产品 Beenz 是一种只在国际互联网上流通的“新货币”，公司希望这种被称为“网豆”的虚拟产品成为可以在国际互联网上流通的货币。消费者可以在 Beenz.com 免费开通账户，当他们浏览该网站或在其他网站购物时，就会得到相应数量的“网豆”作为奖励。Beenz.com 上随时发布可以赚取“网豆”的信息，比如注册某网站可以获得 50 个“网豆”。获得“网豆”后，消费者可以在近 200 家承认“网豆支付”的电子商务网站消费。

我国的网站上也出现了多种虚拟货币。比如，腾讯公司发行 Q 币等虚拟货币，用于购买该公司的增值服务，如会员充值、购买游戏道具等。由于 Q 币具有充值灵活、使用便捷等特点，其应用范围越来越广，除了可以购买 QQ 游戏的游戏币、装饰 QQ 空间、购买指定商品之外，还可以给“超女”等比赛投票，进行影片或软件的下载服务，甚至具备了一定的支付功能，如交纳宽带费、在线购买瑞星杀毒软件等。

我国目前存在的网络虚拟货币除了腾讯公司的Q币以外，还有百度币、网易泡币、新浪U币、魔兽币、天堂币、盛大点券等。想获得这些虚拟货币可以直接到代理商处购买，也可以通过网络银行或手机话费充值获得。据业内人士推算，国内互联网已具备每年几十亿元的虚拟货币市场规模，并以20%左右的速度增长。

有人说，虚拟货币的盛行将带来一场新的货币革命，一旦每个网站都发行自己的“货币”，当这种情况发展到一定程度时，如不同虚拟币种可以相互兑换，并出现固定“汇率”，现代金融秩序必将受到巨大影响。

不受央行管制的“货币”

随着腾讯影响的扩大，外部的误解就很多了，其实腾讯真没有超出到外界的范围。比如说Q币，大家都说是虚拟货币，其实并不是这样的，Q币也是点卡，你一定得花掉，只是什么时候花而已，它只有预付费卡的性质，没有货币的性质，就是叫Q币而已。

——马化腾（腾讯公司创始人，多次受邀在北大做演讲）

目前网络上流行的虚拟货币大体可以分为3类。

第一类是我们熟悉的游戏币。游戏币只存在于游戏的虚拟世界里，本身只是游戏程序的一项数据。其货币单位五花八门，取决于游戏本身，不同游戏的游戏币不能通用。游戏币的作用在于游戏玩家使用它在游戏中产生买卖行为，买卖对象主要有武器、装备、宝物、宠物、材料、技能等等。

由于网络游戏的兴盛，游戏币成了游戏玩家追逐的对象，许多城市出现了“血汗造币工厂”，老板雇几个“劳工”不分昼夜地打游戏，将赚来的游戏币和装备在“黑市”上出售。对于游戏玩家来说，只要肯出人民币，就可以省去漫长的“修炼”过程，完成“资本积累”，因此购买者甚多，而老板们则只需要收钱，却不需要缴税。“血汗造币工厂”多了，市场上还出现了一些专业的虚拟货币“倒爷”，到处低价收购游戏币再高价卖出。

第二类是门户网站的专用货币，其中最具代表性的当属我们熟悉的Q币。腾讯公司的Q币可通过银行卡、手机、固定电话等多种方式充值，与人民币的“汇率”是1∶1。Q币只用于腾讯公司的网络产品，比如在QQ游戏中，Q币可以兑换游戏币，可用来充QQ会员，可用来兑换养QQ宠物用的“元宝”等。Q币与其他专用虚拟货币一样，都存在线下的交易平台，不过官方渠道只允许单项流通。

第三类网络虚拟货币生来就对真实货币具有威胁性。比如，美国贝宝公司（Paypal）发行了一种可以网上购物的网络货币，消费者只要向公司提出申请，就可以将银行账户里的钱转成贝宝货币，这种转换的服务费比银行卡的服务费低，并且在国际交易中不必考虑汇率问题，因此对金融市场的威胁可想而知。目前国内尚未出现此类公司，也尚未普及贝宝货币这样的虚拟产品。

随着网络时代的到来，网络虚拟货币以网络这片肥沃的土壤为依托，获得了越来越大的生存空间。现实与虚拟之间，界限已变得如此模糊。而且，无论是哪种虚拟货币，其发行都不受中央银行的管制。

虚拟货币市场正在飞速发展

中国面临第二次现代化的选择，许多像虚拟货币这样的“小东西”，其实蕴含着具有重大意义的信息。

——金融常识

现今的虚拟货币市场正在以每年 20%以上的速度快速增长。随着虚拟货币市场的日益壮大，虚拟货币已经逐渐渗入到我们日常生活的方方面面。在传统产业中，虚拟货币以这样的形式占据一席之地：“购买任意一款促销装产品，只要揭开瓶盖，登录公司网站，输入瓶盖内印有的 9 位字符，就有机会赢得网络币，直接参与网络游戏道具的换购活动。”在淘宝网上，Q 币的每日交易额已经超过 50 万元。而超级女声比赛更是规定了可以通过 Q 币进行投票。

美国著名经济学家林顿·拉鲁什在一本描述未来虚拟经济的著作中有过这样的预测：“全球每天的金融交易中，仅有 2%与实体经济有关。从 2050 年开始，基于网络的虚拟货币将在某种程度上得到官方承认，成为能够流动的通行货币。”

随着网络虚拟货币市场的飞速发展，网络虚拟货币的“黑市”交易也愈演愈烈。打开淘宝交易平台，数十种网络游戏的虚拟货币在网上公开叫卖，一些虚拟的“地下钱庄”网站更不在少数。

只要有需求，就会有市场。既然网络上虚拟货币需求如此庞大，那么能否在网上开一家私人的虚拟银行？尽管这听起来像一个疯狂的创意，然而事实上，这种虚拟的“地下钱庄”已经悄悄出现在网络上。

这些“地下钱庄”就是专门从事虚拟货交换币的平台网站。在这些网站中，明确地标注着各种虚拟货币与人民币的比值，甚至虚拟币之间也可以自由交换，如“1 个 Q 币可以买近 20 个魔兽 Q 币”。至于这种现象是否为法律所禁止，目前尚无明文规定。

虚拟货币市场的繁荣，不但催生了网络上的“地下钱庄”，还催生了游戏代练、买卖游戏装备等新兴职业。出现这种现象，与网络游戏的风靡也是分不开的。就拿风靡网络的“魔兽世界”游戏来说，有玩家称：“每天都有很多人在网上推销装备，要拿到顶级装备，没有几千元拿不下来。”

目前，网络游戏虚拟物品交易市场在国外已经接近网络游戏自身运营的交易规模，被称为网络游戏的第二市场。可以预见，在未来的几年中，这个第二市场的交易规模将会赶超第一市场的销售收入。

Q币是何物

> 虚拟货币交易是网络时代派生的经营行为，至今尚无明确的法律条文规范，工商注册范围也没有关于虚拟物品交易的项目。但当虚拟财产交易逐渐人员雇佣化、场所固定化、赢利明确化，具有经营性质后，就可能涉及市场秩序、税收问题。同时，对虚拟货币，目前还没有实行像对法定货币那样的管制，我国法律未作出明确规定，虚拟市场也缺乏货币准入和退出机制。
>
> ——金融常识

了解了关于网络虚拟货币的一些基本知识，现在我们就来分析一下，虚拟货币究竟属不属于货币？在此就以我们最熟悉的Q币为例。

Q币是为广大网友熟知的一种网络“货币”，目前已经拥有超过2亿的使用者。Q币与人民币的兑换价一般是1Q币=1元人民币，如果在腾讯的拍拍网上购买则可以打9折。这小小的Q币身上，包含着金融学上虚拟货币的概念。

研究表明，当前市场上流通的虚拟货币达到了年销售几十亿元人民币的数额，并且以每年 15%~20%的速度增加着。那么，以 Q 币为代表的虚拟货币为什么会如此畅销呢？让我们来看看 Q 币市场的繁荣景象：

比如说，在一些电视台举办的选秀活动中，粉丝们为了支持自己的偶像，大量购买 Q 币用来投票；在淘宝网上，Q 币的日交易额超过 50 万元；一些中小网站版主的工资就是以 Q 币的形式发放的，然后再用 Q 币折现……自 2002 年以来，我国每年都会产生大量因游戏账号被停用、虚拟财产灭失而引发的法律纠纷，可是关于 Q 币的属性却始终没有定论，这也导致了法律纠纷难以解决。

那么，Q 币究竟是不是商品呢？

众所周知，Q 币是在网络虚拟世界使用的“货币”。除了 Q 币外，常见的虚拟货币还包括同属腾讯公司的 Q 点、新浪的 U 点、百度的百度币以及用来玩游戏的魔兽币、纹银等等。

尽管这些“货币”的形式是虚拟的，但它们并非与现实没有关联，简而言之，这种虚拟的货币也是有现实价值的（比如 Q 币需要用人民币来购买）。这样一来，这些虚拟货币究竟是否属于商品，就越发含糊不清了。

特别是当有些游戏里的“货币”真假参半时，情况就更复杂了。例如，有些电脑游戏设定在玩家刚开始玩时就拥有一部分钱，这时的游戏币还是免费的，但随着游戏的不断深入，原来免费的游戏币用完后，玩家想要继续玩下去就需要自掏腰包充值了。至此，原本只是虚拟的网络“货币”完成了向商品的转变。

那么，虚拟货币是不是一种货币呢？

我们首先要明确一点，虚拟货币并不单单指网络游戏中经常使用的那种数字货币。人们在麻将室里打麻将，有时并不把真钱放在桌面上，而是用游戏筹码来代替，这种游戏筹码也是虚拟货币；甚至小孩子玩“过家家”时用的“钱”（如各种各样的纸片、石块甚至泥巴）也是一种虚拟货币。

一般情况下，网络虚拟货币的作用在于购买其发行人（网络游戏服务提供商）所提供的虚拟产品和服务，很少有人能把虚拟货币变现。但这种虚拟却与现实有着不可割裂的联系，比如Q币是需要用人民币购买的，它有着相应的面额；小孩子“过家家”使用的“钱”在游戏中也有面额，代表能购买多少“商品”；大人打麻将用的游戏筹码则代表着一定数额的人民币等等。

在网络游戏中，常有玩家为了让自己升级更快一些而购买别人现成的游戏账号，这个账号中必然有他人购买或游戏取得的虚拟资产。如果这个游戏允许玩家之间相互转移账号以及账号中的虚拟资产，那么这种转移必然是通过现实中的货币（人民币）来进行交易的；即使这个游戏的装备不需要用人民币来支付，只需要虚拟货币来支付，这种虚拟货币和现实货币（人民币）之间也会有一个固定“汇率”，否则就无法进行账号及虚拟资产的转移。

因此，虚拟货币和现实货币之间的界限变得越来越模糊，玩家可以通过银行卡、电话、实物Q币卡等方式充值Q币，再用Q币来购买腾讯公司的各种网络服务，甚至还可以和人民币互相“兑换”。

但腾讯公司认为，Q币并非真正的货币，因为它只能用于购买该公司的增值服务，并不具备其他交易功能。而且它只能单向兑换，即使在腾讯公司内部，也只能用人民币购买Q币，而不能用Q币兑换人民币。因此，Q币只是一种商品，并不具有货币的属性。

笔者认为，Q币属于特殊商品而非货币，因为货币的一个基本特征是必须广泛充当一般等价物，如“支付宝”、“财付通”等广泛用于网络交易的产品才符合货币的特征。

马克思主义政治经济学认为，货币是充当一般等价物的特殊商品，这种特殊商品具有五大职能：价值尺度、流通手段、支付手段、储藏手段、世界货币。

让我们分析一下 Q 币是否具有这五大职能：

1. 价值尺度。Q 币虽然具有价值尺度的作用，但一定要依托人民币才得以体现。如果腾讯公司经常变动 Q 币的价格，这种价值尺度就根本无法体现出来。而其他虚拟货币由于没有明确绑定人民币，它们的价值尺度作用就更不明显。

2. 流通手段。Q 币具有较好的流通性，用它购买虚拟产品很方便。

3. 支付手段。使用 Q 币能在网上自由地支付 QQ 会员充值等费用，但这种支付手段是有明确限制的，即只能用于腾讯公司开发的产品，超出这个限度，Q 币便没有用处了。

4. 储藏手段。Q 币不具有储藏价值，因为它不能保值，并且只能储存在充满风险的网络世界里，因此很少有人会在自己的 QQ 账号上存放大量的 Q 币。

5. 世界货币。Q 币的这一职能比较勉强，它的存在和交易都限于网络世界，因而其世界性并不明显。

此外，Q 币也不具备货币的其他特性。例如，Q 币没有时间价值，所以就不存在 Q 币银行、Q 币利息、Q 币流通乘数、Q 币通货膨胀等问题；Q 币的发行总量由腾讯公司独家决定，也不可能出现任何信贷扩张、呆账坏账的问题。

由此可见，Q 币很难称为货币。

尽管 Q 币的属性至今尚无定论，但根据我国《税法》规定，通过网络销售取得的虚拟货币收入需要缴纳个人所得税。例如，某玩家在网络上收购其他玩家的虚拟货币，加价后向别人出售，所得收入就需要缴税。缴税数额则要按照“财产转让所得”项目，对加价销售的部分按 20% 的固定税率计算。

虚拟货币也需加强监管

中国人民银行要加强对网络游戏中的虚拟货币的规范和管理，防范虚拟货币冲击现实经济金融秩序。要严格限制网络游戏经营单位发行虚拟货币的总量以及单个网络游戏消费者的购买额；严格区分虚拟交易和电子商务的实物交易，网络游戏经营单位发行的虚拟货币不能用于购买实物产品，只能用于购买自身提供的网络游戏等虚拟产品和服务；消费者如需将虚拟货币赎回为法定货币，其金额不得超过原购买金额；严禁倒卖虚拟货币。

——《关于进一步加强网吧及网络游戏管理工作的通知》

既然虚拟货币已经越来越多地进入我们的生活，我们就不得不关心这样的问题：虚拟货币在网上的流通会不会影响到现实世界的金融秩序？在虚拟的网络世界里会不会也有类似金融危机这样的风险？答案是肯定的。

前面已经陆续介绍过，对于虚拟货币的市场需求已经引发了地下交易的暗流，随着这种交易的增多，网络“地下钱庄”出现了，虚拟“造币工厂”出现了，同时还出现了大量以虚拟造币、虚拟货币交易为职业的人群。对于这种现象，发行虚拟货币的公司无论其态度如何都无法扭转现状，而相关法律法规又不到位，所以缺乏有关部门的监管，导致这种数量庞大的交易处于无法管制的状态。

不仅如此，近期还有一些运营商利用虚拟货币缺乏法律监管的漏洞，以虚拟货币作为赌注开展赌博活动，将人民币变相送上赌桌。在现代金融体系中，通常由各国中央银行负责货币的发行和监管，虚拟货币如果在网络上具有了一般等价物的功能，那就应当受到监督，然而由于其发行方不是中央银行，而是各家网络公司，因而也缺乏相应的监督。这样一来，随着电子商务的发展，虚拟货币的使用越来越频繁，其可能对中央银行的货币政策产生的影响不容小觑。

综上所述，虚拟货币是一个新生事物，却飞速地发展及壮大着；它产生于网络，却无时无刻不在影响着现实生活。因此，虚拟货币存在的隐患和解决对策成为我们不容忽视的问题。

目前，世界各国对于互联网的监管都尚处在探索阶段，对于网络虚拟币这种厂商生产的内部交易凭证，暂时可以规定互联网厂商与用户之间通过合同来管制，相关当事人之间可以按照民事合同法律关系来处理涉及网络虚拟币的纠纷。同时，国家需要加强对相关电子商务的立法监管，使得互联网生活的方方面面都有法可依。

第十一章

存钱还是炒股——合理支配手中的钱

理财是现代生活的必需品，要想让自己的生活更加幸福，就应当学会理财。更进一步，从某种程度上说，追求财富就是追求成功，追求人生目标的自我实现。所以我们提倡科学理财，就是要善用钱财，管理好现在和未来的现金流，让自己的资产跑赢通货膨胀，使自己随时都有钱花。

一夜暴富 or 一夜破产

财务杠杆作为一把双刃剑，受到多种因素的影响，在获得财务杠杆利益的同时，也伴随着无法预测的财务风险。因此，认真研究财务杠杆并分析影响财务杠杆的各种因素，搞清其作用、性质以及对资金收益的影响，是合理运用财务杠杆，使其为我们所用的基本前提。

——金融常识

刘先生已经年近30，在一家电子公司工作了4年，月薪从2000元一直升到了6000元，每年年底还有5万元左右的奖金。公司还为他缴纳了保险和公积金，父母也有较为稳定的工作。

可是，一直以来，他和同事一直租住在工作单位附近，房租已经从最开始的500元涨至1500元。除了日常的一些花费，其收入的一半以上都花在了更新电子产品和聚会用餐等方面了，现今银行账户内仅有不到7万元的存款。

看着同事结婚、买车、购房，他开始着急，于是开始策划自己的未来——1年之内要买一套小户型住房，3年内买辆20万元左右的汽车。为此，他做了多方咨询。

关于买车，刘先生可以通过建行贷记卡分期付款的形式来实现，首付5万元，剩余15万元申请分期付款，期限3年，手续费8000元左右，月供4000元左右。这样一来，他就可以实现买车的梦想了。这个规划，用的就是我们所要讲的财务杠杆的作用。那到底什么叫作财务杠杆呢？

财务杠杆是一种企业或个人利用负债来调节自己权益资本收益的手段，而通过理性运用财务杠杆给企业或个人权益资本带来的额外收益就是财务杠杆利益。说白了，就是人们常说的“借鸡生蛋”，借别人的鸡，下的蛋自己留下，然后把鸡还给别人。

阿基米德所说的“给我一个支点，我可以撬动整个地球”，强调的就是杠杆的力量。事实上，金融上的财务杠杆效应与这一原理非常相似，它能起到四两拨千斤的作用，即“你把钱借给我，我能创造出几倍的财富”。特别是在股票、房价疯涨时，人们把资金投进去，运用财务扛杆手段，可以赚取更多的钱。

利用这一原理有时可以让你一夜之间赚很多钱。在遇到股票指数飙升或房价上涨时，投资越大，赚的就越多，当然前提是你的投资利润率要大于负债利润率。若非如此，财务杠杆将发生负面作用，而你将承担更大的额外损失，这些额外损失也会让你一夜从富翁变成穷光蛋。

所以，财务杠杆是一把双刃剑，它既能带来巨大的收益，也能造成可怕的严重后果，韩国第二大企业集团大宇集团和美国五大投资银行之一的雷曼兄弟就是两个现实版的“破灭的神话”，它们一夜之间破产就是因为没有使用好财务杠杆。为此，要谨慎使用财务杠杆，在没有十二万分把握时，千万不能贸然行事。

花明天的钱，圆今天的梦

消费信贷是当今社会金融创新的产物，是商业银行陆续开办的用于个人消费的贷款。消费信贷作为金融机构产业的一大突破，其发展前景十分乐观。但是，任何事情都有双面性，消费信贷也不例外，信贷也须谨慎。

——金融常识

近年来，国内流行买车，现如今说车已经成为像电视、电脑一样普遍的家居用品一点儿也不为过。

小敏是村里一个很漂亮的姑娘，爸爸总在人前夸耀自己的女儿，说将来一定要让自己的女儿嫁个有钱人，并准备最好的嫁妆。

如今，女儿的婚期就要到了，小敏的爸爸很是兴奋地开始为女儿置办嫁妆了。嫁妆可不能比别人差，要气派，像家电、摩托车、电动车之类的太普通了，别家都有，所以小敏的爸爸最终决定买一辆小轿车。但是，钱不够怎么办呢？

小敏的爸爸到县里办事时无意中听说可以在银行贷款买车，很划算，每个月只要按时还 1000 多元钱就可以了。为此，小敏的爸爸心动了，回家后和妻子合计了一下，拿出3万元去镇上车店交了首付，剩下的钱每月还1000多，限期3年。这下，难题解决了。

到了女儿出嫁那天，村民们看到陪嫁的一辆气派的小轿车后都赞不绝口，小敏的爸爸更是十分高兴。

这就是消费信贷带来的好处，如果没有它，我国的汽车行业也不会发展得那么快，人们也就不能提前过上自己想要的幸福生活了。

消费信贷是社会金融创新的产物，是商业银行开办的用于个人消费的贷款。国有商业银行为了适应体制改革和金融国际化发展趋势，开办了个人消费信贷业务，从而克服了传统的个人与银行单向融资的局限性，并且开创了个人与银行相互融资的全新债权债务关系。

消费信贷也是金融机构产业的一大突破，其发展前景十分乐观。在我们的生活中就有很多使用消费信贷的案例。例如，我们经常看到的按揭买房、按揭买车，还有那些为人熟知的国家助学金贷款、旅游贷款，甚至买相机、电脑、手机等电子产品也都可以使用按揭来分期付款。

按说，消费信贷是拉动消费、扩大内需的一种极其有效的方式，能够促进经济的发展。可是，有些人也反对这种“今天花明天的钱”的做法，认为存在很大风险。

由于消费信贷依靠的主要是信用消费，信用制度如果不完善，那么风险必然就会存在。如有的购车者利用汽车公司的零利率等信贷业务恶意骗取信贷，这些都是信用制度不完善造成的严重后果。

可见，信贷消费也需要小心谨慎。信贷消费的发展状况与金融产业中全社会信用制度的发展状况密切联系，信用制度越严的社会，其信贷消费发展就越顺畅；反之，信用制度不完善的社会，人们对于信贷消费的热情就不可能高。试想一下，如果一个人的还款信用不高，金融机构又怎么敢贷款给他呢？所以，信用制度对信贷消费具有决定性作用，而信贷消费也要依据一个社会的信用状况作出调整，不能一味地超前或乱来。

不用排队，足不出户玩转银行

网上银行也叫网络银行，就是在网上开通银行业务。它以互联网为交易平台，人们可以在网上即时转账、支付结账等。通俗地说，你只要有一台联网的电脑就可以不用去银行取钱或是转账。而且，你可以随时查询自己的银行账户信息，即使是出门旅行、出差在外，也可以享受到银行的很多服务。换句话说，网上银行就是网上的虚拟银行柜台。但因为它是虚拟的，所以不安全、不稳定的因素也很多，为了降低风险，有必要加强管理。

——金融常识

小马刚来北京工作，除了工作较顺利以外，其他的很不顺，比如花了很多时间，跑了好多房产中介，也没有找到合适的房子，仍和朋友一起住。

与同事混熟后，同事们笑他："你真是 OUT 了，现在北京谁买东西不上网的？生活节奏快了以后，谁还会把时间花在购物路程上。你可以在网上找房子而不必到处跑呀，能省去不少时间且选择很多，还基本上不用花中介费。”

另一个同事继续对他说道：“你开网银了吗？如果开了，以后你买东西就在网上买吧。”小马说：“什么是网银啊？难道买东西不去店里买吗？”大家顿时无语，都让他回家学习去。

在百度上搜索关于网银的信息后，小马恍然大悟。之后，小马就在网上查到了一处适合的房子，看过之后交了房租，第二天就搬进去了。房子的问题解决了，但是家具、家电等生活用品该怎么办才好呢？小马想到了网购，就开了一个网银，又在网上找了一些购物商城，终于把需要的家居用品全部购齐，解决了生活中的一大难题。这样，只花了两天时间，小马就把住的问题彻底解决了，同事们都夸他学习能力强。

以前，人们都预言说网络将会是生活中不可缺少的、最为重要的部分之一。现在，网银已渐渐融入人们的生活，成了很多人生活中不可缺少的一部分。

很多网友把网上银行称为“3A 银行”，因为它不受时间和空间的限制，能够在任何时间（Anytime）、任何地点（Anywhere）、以任何方式（Anyway）为客户提供很多便捷的金融服务。

总体而言，网银主要有下面几个特点：

第一，实现了无纸化交易。现在提倡低碳生活和低碳消费观念，网上银行能够节省很多银行办理业务的纸张，这样有利于环保。

第二，服务方便、快捷、效率高而且很靠谱。工作繁忙的时候，网银能帮助很多人省去很多时间和精力。

第三，降低银行成本。由于网银实施电子程序化操作，可以大幅度地节省营业网点数和人力资源。

总之，与传统银行相比，网银具有很多独特优势，如无时空限制、客户资源广—成本低、效率高等等。但网银的安全性与稳定性也遭受了很大的挑战，为此银行一般都采用很多层保护措施来保证网上银行的安全。

目前网上银行常用的安全措施主要包括密码、文件数字证书、动态口令卡、动态手机口令、移动口令牌、移动数字证书、U 盾等。

网络是一个十分复杂的虚拟社会，其中存在很多不安全、不稳定的因素，尽管采取了保护措施，人们还是会担心自己的交易不安全，毕竟现在报纸、杂志上就有很多关于网络诈骗、网银被盗的案例，所以网银虽然很方便，但是也存在风险。

但是无论如何，互联网已经不可缺少，要想提高网银的运行安全度，就要加强管理，降低风险。

适合自己的才是最好的

理财产品可以让我们合理利用手中的闲置资金，并获得巨大的收益，但是在选择理财产品时，我们必须保持头脑清醒，选择合适的产品进行投资，否则不但没有收益，还有可能失去自己的宝贵财富。

——金融常识

吴太太手中有 15 万元暂时不用的资金，想买点理财产品，但她发现很多银行发行的理财产品都不太符合自己的要求，期限不长且收益不高。其中一家银行 5 月上旬就推出了 11 款理财产品，但其中仅有少部分是 4 万元起步，其余大多数都是 12 万元起步，期限从 4 天到 100 天不等，最高的预期年收益率只有 4.63%左右，最低的仅为 2.89%。最后吴太太只好继续观望，不敢轻举妄动。

近几天，她听说某股份制银行正在预约发售一款 12 万元起步的理财产品，投资期限是 1 年，预期年收益率高达 8.2%。吴太太十分高兴，立即赶到那家银行咨询，结果银行的大堂经理告诉她，这次的理财产品大部分只是低调预售，且几乎无一例外地遭到了“秒杀”，即使有一些剩余的理财产品，也要求客户具备相当的条件：有150万元的存款或者能提供近几年30万元的年收入证明，即所谓的把高端客户作为发售对象。大堂经理的话让吴太太心灰意冷。

为什么人们都争相购买理财产品呢？理财产品到底是什么呢？

理财产品指的是由商业银行自行设计并独立发行的一类金融产品，银行将募集到的资金根据产品合同约定投入相关金融市场及购买相关金融产品，获取收益后，再根据合同中规定的分配方式分给投资人。通俗地说，就是我拿钱给你去做投资，你的责任是让这些钱“再生钱”，然后赚得的收益由我们大家来按照比例分配。

一般来说，银行人民币理财产品大致可分为债券型、信托型、挂钩型及QDII型，下面简要介绍一下。

第一，债券型。一般情况下，金融市场中投资的产品为央行票据和企业短期融资券，由于个人在大多数情况下无法直接投资这两种产品，所以通过银行购买这类人民币理财产品实际上为个人提供了分享货币市场投资收益的机会。

第二，信托型。投资于信用等级较高的金融机构担保或回购的信托产品，还包括那些投资于商业银行优良信贷资产受益权信托的产品。

第三，挂钩型。产品最终收益率与相关市场或产品的收益表现相一致，例如与汇率挂钩、与利率挂钩、与国际黄金价格挂钩、与国际原油价格挂钩、与道·琼斯指数挂钩等。

第四，QDII型。这一类型的产品并不多见。所谓QDII，就是合格的境内投资机构代理境外理财，是指取得置办境外理财业务资格的商业银行。一句话，就是客户将手中的人民币资金委托给那些达到标准的商业银行，由这些银行将人民币资金兑换成美元，直接投资到境外，到期后将美元收益及本金结汇成人民币后再分配给客户的理财产品。

购买理财产品必须注意以下几点：

第一，要了解产品收益率，要弄清产品的收益率是年收益率还是累积收益率，是税前收益率还是实际收益率。

第二，要了解投资方向，要清楚投资的金融产品是什么行业、什么收益、风险又是多少等情况。

第三，如果是挂钩型产品，应主要分析所挂钩市场或产品的表现、挂钩方向与区间是否与目前市场预期相符、是否具有实现的可能等情况。

第四，要了解资金的流动性，了解终止合同或是转让产品是否收取手续费、质押金、金额是多少等情况。

总之，购买理财产品时，必须精挑细选，切勿操之过急，否则不但不能获得收益，还有可能失去自己的财富。

租房还是成为“房奴”

房屋贷款也就是所说的房屋抵押贷款、房贷。其程序是购房者向贷款银行填报房屋抵押贷款申请表，并按规定提供身份证、收入证明、房屋买卖合同、担保书等必须提交的证明文件。贷款银行审查合格后，向购房者承诺贷款，并根据购房者提供的房屋买卖合同和银行与购房者订立的抵押贷款合同办理房地产抵押登记和公证，银行在合同规定的期限内把所贷资金直接划入售房单位在该行的账户上。

——金融常识

现代房奴们最害怕的事情莫过于失业、降薪、旅游、生病、送礼……他们省吃俭用，先还贷款再生孩子，精打细算地过日子。他们本想真正拥有一个家，却买来一个负担。

“我每天一睁眼想到这个月的房贷，顿时就浑身发毛。”这是马先生现在的生活状况。在别人看来，马先生一家算是幸福的了，他有房子，而且妻子刚生了一个儿子，父母又用不着他操心，一家三口十分幸福。可是马先生自己却说：“日子过得只有自己才知道酸甜苦辣。”

“过去没房子时，半夜都会突然惊醒，总觉得自己好像是在漂着。醒来发现妻子睡在旁边，才知道自己原来是睡在租来的房里。现在，房子是有了，可是银行每月都来催房贷，感觉进入了一个无底洞，没有尽头，虽然住着房子，却感觉它不是自己的一样。”马先生私下里就是这样跟他那些最好的朋友发牢骚的。

马先生从安徽来到北京，工作快 7 年了，一直都是租房住，而且经常不得不搬家。眼看年纪大了，感觉这样居无定所不是个办法，而且已经结婚 3 年了，妻子还和自己租房住，马先生觉得很对不起家人。为此，他把老家的田地全部卖了，又向亲戚借了点钱，终于凑够了首付 20 万元，于 2008 年 8 月买了一套 90 万元左右的房子。接着房价就涨了，马先生很庆幸自己当初作出了决定，要不然现在连首付都付不起了。

但是，马先生很快就体验到了艰难。为了付首付，他和妻子的积蓄几乎全部花掉了，倒欠了“一屁股债”，每个月还要缴 6000 元左右的月供。虽然说房价涨得特别快，但马先生还是有点后悔，如果早知道日子那么难过，他宁愿选择买一套价值 60 多万元的小户型房子。可如今，压力太大，买东西都要仔细掂量，非必需品都是趁超市打折做活动时才买，能省则省，不该买的不买，能少应酬就少去。现在马先生最怕的就是家人突然生病，因为医药费太高，如果生病，最后就只有借钱去看病了。

如今社会上房奴很多。一些房奴在尝过了房贷压力的痛苦后，都感叹道：“我要房子，但不想成为房奴。”

为什么会出现“房奴”这一群体呢？原因首先是房价上张过快，其次也和房屋贷款有关。房屋贷款也就是所说的房屋抵押贷款、房贷。

2010 年国务院发布的《国务院关于坚决遏制部分城市房价过快上涨

的通知》中有以下两条规定。

第一，实行更为严格的差别化住房信贷政策。对购买首套自住房且户型建筑面积在 90 平方米以上的家庭，贷款首付款比例不得低于 30%；对贷款购买第二套住房的家庭，贷款首付款比例不得低于 50%，贷款利率不得低于基准利率的 1.1 倍；对贷款购买第三套及以上住房的，贷款首付款比例和贷款利率应大幅度提高，具体由商业银行根据风险管理原则自主确定。

第二，要严格限制各种名目的炒房和投机性购房。商品住房价格过高、上涨过快、供应紧张的地区，商业银行可根据风险状况，暂停发放购买第三套及以上住房贷款；对不能提供 1 年以上当地纳税证明或社会保险缴纳证明的非本地居民暂停发放住房贷款。地方人民政府可根据实际情况采取临时性措施，在一定时期内限定购房套数。

有人说房奴虽然苦，但他们有了属于自己的宽敞房子，因而也是很快乐的，但事实真是如此吗？相信这个答案只有那些房奴自己最清楚。

中国最传统的理财方式

储蓄就是人们把赚得的、节省下来的和闲置不用的钱存入银行的一种理财方式。从银行等金融机构的角度来说，储蓄存款是信用机构的一项重要资金来源。金融机构可以利用居民的存款去进行社会活动，例如福利事业、绿化事业、公共服务事业等。在一定程度上，储蓄业务可以促进国民经济比例和结构的调整。

——金融常识

住在某小区的退休大爷们每天都要在小区的亭子里相聚，他们一起下棋、喝茶、唱曲、聊家常。

一天，老李在邻居面前夸耀说自己的女儿从上海回来，一次就留给他和老伴 12 万元钱，说是作为不能经常回家照顾他们的补偿，这下老李在这些老朋友面前可挣足了面子。

旁边的老黄说："看你高兴的，那你知道怎么用这些钱吗？"

"你当我傻子啊！这么多钱，我当然是存在银行了，你以为还跟过去一样放在自己的炕头上担心啊！"老李笑道。

“那你是怎么存的呀？”

“当然是死期，我们老两口不管多少钱，最后也要留给子女!”

“存钱呀，也有门道！要会存才行，否则不能赚更多的利息。你是不是存的死期而且是按恒定年利率存的？”

见老李长时间保持沉默，老黄大笑道：“看你这表情肯定是那样了。那种存法已经OUT了，现在流行的是所谓的分红模式的储蓄，你啊，落伍喽!”

老李有点儿生气，说：“谁跟你说我没存分红的，我存的明明就是你说的那种储蓄。”然后就走了。

“理财要有规划，存钱要有门道。”这话有点道理。现在，老百姓的生活水平大大改善了，每家都开有账户，积有存款，但还有一些市民在理财方面仍一窍不通，对储蓄的概念仅仅局限于把厚厚的现金换成一个本本而已，然后看着本本上的数字一点一滴地增加。甚至有些人的思维还停留在银行就是帮助管理钱财、安放资金的地方，也就相当于一个保险柜。假如你也这么想的话，你就落伍了!

与中国不同的是，西方经济学通行的储蓄概念一般是：“储蓄是收入中没有被用于消费的部分，以个人为考察单位的话，个人的实际储蓄就由个人实际金融资产的增加以及实物资产的增加来表示，其中个人实际金融资产指的是个人的实际现金持有量和实际债券持有量，实物资产的增加则是指个人用于净投资的那部分支出。”一般来说，我们都会把实际储蓄与投资相互等同，也就是说，实际储蓄与净投资是一样的，不仅包括个人的实际储蓄，而且包含公司实际储蓄、政府实际储蓄。储蓄的内容又包括在银行的存款、购买的有价证券及手持现金等多种形式。

我国政府规定储蓄的原则是“存款自愿、取款自由、存款有息、为储户保密”。法律规定：“老百姓的正规收入是属于个人的合法私人财产，任何单位或个人都不得用非法手段强迫居民存款或取款。并且，居民可根据自身需要随时要求取出部分或全部存款，储蓄机构也不得以任何理由干预。客户在银行办理储蓄的账户、账号、金额、期限、地址等均属于个人隐私，任何单位或个人都没有权力查询用户的账户金额和信息，储蓄机构也必须为客户保密。”

储蓄包括活期储蓄和定期储蓄两种。活期储蓄指那种不约定存期，客户可随时存取，且存取金额不限的储蓄方式。它是银行存款方式中最基本、最常用的一种，利息是每一个季度结算一次。定期储蓄是指那种客户和银行约定资金存入时间，期满后将本息一起取出的储蓄方式。我国各大银行推出的定期储蓄主要包括零存整取、整存整取、存本取息、定活两便、通知存款、教育储蓄、通信存款等。

如今，在很多白领群体中，零存整取是较受欢迎的。零存整取是指“储户在进行银行存款时约定存期，每月固定存款，到期一次支取本息的一种储蓄方式”。零存整取一般都是每月5元起存，每个月都要存入一次，中途如有漏存的话，必须在次月补齐，存期一般有1年、3年和5年；零存整取计息按实存金额和实际存期计算，具体利率标准按利率表执行；零存整取开户手续与活期储蓄基本相同，只是每月要按开户时的金额续存，储户提前支取时的手续比照整存整取定期储蓄存款有关手续办理。零存整取利率一般为同期定期存款利率的60%左右。

很多人把储蓄等同于定期存折，但事实并非如此。

高教授去年60岁时刚刚退休，现在在学校主要做古籍文献研究整理工作，每月基本能保证3000元的返聘工资和2000元的退休金。

高教授的妻子高太太两年前已退休，她是一所中学的教师，现在每月的退休金为1500元左右。两人现在住在高老师单位分的房子里，生活花费月均1700元左右。现如今，两人已有50万元的存款，也基本上算是拥有社会养老保险和医疗保险了。此外，他们还有一个27岁的儿子，儿子工作基本稳定，儿媳妇正在待产，全家人仍住在一套房子里。为了迎接即将到来的孙子或者孙女，两位老人决定买一套房子赠送给即将出生的小生命，也好让儿子一家人以后生活得方便一些。

两人商量过后，高教授最终决定买一套首付40万元的房子。老两口的财务状况还行，开销不算大，每月的结余有6000元左右，而且有医疗上的保障，可以说两人的晚年生活已经十分美满了，最后要打理的就只剩下自己的资金收入了。

高教授把50万存款中的40万元取出来付了买房子的首付，余下的10万元存款平均分为了两份：一份以分红的形式存在银行赚取所谓的较为低微的利息；另一份为8年定期储蓄，5年后可取款，利率是8%，若不着急用钱，5年后继续存在银行则可以按照12%的利息算，若到了8年后还想继续存款的话，双方可以重新签合约。

像高教授这样将储蓄与投资二者有机地结合起来，是一种很好的理财方法。

在民间，储蓄已经是老百姓生活的一部分了，怎样充分利用它，就需要发挥理智的理财思维和掌握最新的财经信息了。

社保、商保，双重保险更放心

> 商业保险是投保人在自愿前提下达成的协议，投保人根据合同约定，向保险公司支付保险费，保险公司根据合同中包含的因事故所造成的财产损失承担相应的责任。也有为他人投保的，若被投保人发生意外死亡、伤残、疾病时，保险公司要给付保险金，或者是被投保人达到预定年龄、期限时，保险公司也要给付保险金，如养老保险等。商业保险是具有商业性质的赢利机制，它的保险对象既可以是人，也可以是物，物包括有形的和无形的，具体有人的生命和身体、财产以及与财产相关的利益、责任、信用等。
>
> ——金融常识

一天，多年不见的大学同学聚会，毕业将近5年了，在北京漂着的老朋友们各自有了事业，有的甚至已经创业，而有的更是当上了经理、主管，总之日子过得还行。

赵斌和李军碰到了，两人一起停下了车，李军看到赵斌开的是一辆新雪佛兰，说道："最近怎么降低了档次？开的不是宝马了？"

“唉，别提了，我可倒了霉，前段时间去郊区，车被偷了，气死我也。”赵斌道，“老婆发飙了，不准我开车，我这还是偷偷把她的车开出来的。”

两人一路走到包厢里，李军把赵斌丢车的事情告诉了老朋友孙杰，孙杰是做保险的，听后马上说道：“那没什么！给你赔了多少钱？”听这话，赵斌一头雾水，孙杰说道：“一看就知道你整天就知道赚钱。你买车时不都有车险吗？在我们工作圈内流行一句话‘保险握在手，蚊子蟑螂都不怕’，你别告诉我你没有买保险哦。”

“对啊，我怎么忘了这事了？”赵斌立即给老婆打电话，刚一接通就听到电话中传出声音：“我的车是不是被你偷了？”大家听后，都笑了。

孙杰口中所说的保险其实就是我们所熟知的车险，一般情况下，购车时售车公司都会附送车险，为的是吸引顾客，同时这也是汽车厂商和保险公司合作，各取所需后达成的默契。这其中就包含着一个金融学上比较常用的概念——商业保险。

商业保险是指保险企业通过与客户订立合同来达到赢利目的的保险形式。

商业保险是具有商业性质的赢利机制，它的保险对象既可以是人，也可以是物，物包括有形的和无形的，具体有人的生命和身体、财产以及与财产相关的利益、责任、信用等。与以赢利为目的商业保险相对应的一类保险就是我们经常会遇到的社会保险。

社会保险是指国家、社会对有生活困难的社会成员给予物质帮助的社会保障制度，与商业保险不同的是，它的保险对象只可以是人。此外，社会保险同商业保险还有很多的不同点。

第一，社会保险强制，商业保险自愿。社会保险都是依靠国家权力强制实施的，特别是基本保险一定要通过国家或地方立法来强制推行，是法定保险。没有立法之前，一般政府会通过行政或经济手段强制推行。而商业保险是自愿性的，不能强制，是投保人和保险公司签订的有契约、有保障的保险。

第二，社会保险属于政府行为，有类似于商业垄断的垄断性质；商业保险则是企业行为，具有很强的但不稳定的竞争性。社会保险的运营机构只可以是政府，而且必须由指定的部门或机构统一办理，不允许同时由几个部门或机构办理同一个险种。而商业保险不同，它更为自由，因为公司可以开设、经办任何一个险种，多家保险公司可以经办同一个险种，并在市场上公平竞争。

第三，实施社会保险不存在选择性，而商业保险有很大的选择性。社会保险的目标是覆盖全社会，参加社会保险的是所有公民；而商业保险则不同，特别是一些险种，对年龄、收入、家族病史等有限制条件。

第四，社会保险有统一的规范性，而商业保险更多的是自主性而非统一性。社会保险基本上是在一国范围内统一规范保险的险种（我国规定现阶段的社会保险包括养老、医疗、失业、工伤和生育 5 个险种），每个险种的缴费比例都是统一的。而对于商业保险，每个保险公司开设的险种、险额各有不同，针对不同收入群体、年龄的人，保额与缴费金额也不尽相同。

第五，社会保险机构具有非赢利性的特质，而商业保险公司则具有赢利性。国务院规定："社会保险机构工作人员的经费全部由财政负担，不再提取管理费。商业保险公司赢利所得一部分归被保险人，一部分归保险公司。"

第六，社会保险讲求公平，商业保险则更为讲求效率和赢利。社会保险强调人人平等，每个人都有权利，体现了社会公平性。商业保险主要以赢利为目的，重点是效率，有钱投保就投，无钱就不投，当然某种意议上也存在社会公平，因为与财富挂钩，钱多可以投高额保险，钱少保障就低。

第七，社会保险公益性强，商业保险则不可能有公益性，即使偶尔表现出公益的某些特征，背后也是利益在引导。社会保险是为全体社会成员的利益服务的，属于公益性事业。商业保险具有很强的商业性，自然不会只付出不要回报，它只为自愿投保的那一小部分人提供合同规定的保障，而不可能为广大社会公众的利益服务。

第八，社会保险很安全，而商业保险风险性大，但也更有效。国务院规定："社会保险基金只能购买国债或国家发行的特种定向债券，不能进行任何直接或间接投资，政府要进行严格的管理、审计和监督。"商业保险是保险公司拿投保人的资金进行投资，在投资运营中"自负盈亏"，投资高的回报也高，相应地风险也高，有时候遇到高额保险，保险公司也会赔钱。

既然存在两种保险，那么我们该如何选择参加保险呢？由于社会保险是强制性的，是每个公民必须加入的，一般没有选择的可能，但这并不意味着我们只有这唯一的一种选择，除此之外，我们还可以参与商业保险，这样就可以高枕无忧了，因为这时的你不是只有一把保护伞，而是有双重保护伞，即商业保险加上社会保险。

我们知道，社会保险对一些常见的、轻微的、费用较低的疾病，如胃炎、肠炎、腹泻等的报销能够提供有力保障，但对一些重大疾病，仅有社保是远远不够的，毕竟社保只可能是福利性的、普遍性的，不可能专门针对某个独立个体。所以，商业保险也有存在的必要，这样我们可以在重大事态面前获得社会保险不可能回报的收益和保障。

总之，社会保险和商业保险在某种程度上实现了互补，它们有各自的优势，也有各自的劣势。

第十二章
癫狂的投机时代
—— 一场没有硝烟的货币战争

证券衍生化不断地被华尔街向全球推广，导致全球的财富被神不知鬼不觉地转移到华尔街那些金融大鳄手中。虽然很多人都知道证券化已然对中国构成了严重威胁，却仍然摆脱不掉。因为随着经济的发展，各种与证券有关的金融衍生品充斥着我们的金融市场，并和我们的生活密切相关。

股票、股份公司与证券交易所的发家史

股票、股份公司、证券交易所的出现充满了传奇，也充满了斗争，在荷兰，在鹿特丹，在地理大发现之后，整个世界连成一体，随之而来的是贸易的增长，是掠夺的扩张，是血腥的抢夺，在那个时代，一切创造都奠基于血腥的贸易。

——金融常识

说到股份制公司，有必要先说一下股票是什么。

现代证券的“股份制”起源于古老的合伙制。最早在罗马时代，在开展有风险的海上贸易时，人们就已经使用签订契约将几十份自有资产组合到一起形成一个合伙企业来降低风险这种方法了，这种企业在当时叫作“publicani”，而每一份出资凭证叫作“socii”。

到了 15 世纪末，哥伦布发现了南美洲新大陆，随后麦哲伦又完成了第一次环球航行，东西方贸易的航线被发现，“地理大发现时代”终于到来。一时间，海外贸易和殖民地掠夺成为欧洲最诱人的两种“买卖”。

但是，在当时的技术条件和国际环境下，这个“大馅饼”很有可能是个大陷阱。当时欧洲国家的贸易船只远不未有中国明朝郑和的官船之威风，很容易受到风暴海浪的威胁。而且，大量存在的瘟疫常减损船员数量，海盗们会偷窃运载的货物甚至杀死船员，遥远海岸上的居民也会袭击、残害船员。此外，淡水补给、食物供应等其他不可预计的事情也都有可能使航海计划彻底失败。寻找到遥远的东方国家并与之成功贸易的概率就和购买中国福利彩票中 500 万元大奖的概率一样。

更有趣的是，当时掌握了东西方航海线路的葡萄牙人和西班牙人，都将自己的航线作为“国家机密”而对其他国家的人进行严密封锁。如果有哪个国家胆敢从他们碗里分走一杯羹，他们就会劫掠这个国家的所有商船，让其在半途中走向另一个世界。要知道，劫掠式的海盗行为在大航海时代的西方国家是被鼓励的行为。葡萄牙人就是通过这种方式垄断了东西方之间的香料贸易并阻止其他国家参与的；而英国的海外殖民活动刚刚起步时，也把从美洲归来的西班牙商船作为主要的劫掠目标。

为了应对远航贸易要冒的大风险，为了筹集资本和分摊风险，现代我们常说的股份集资方法出现了，即每次出航之前都会招募股金，航行结束后再将资本退还给出资人，并将利润按股金的比例进行一定程度的分配。鉴于某些生意经营的长期性，英国人在 16 世纪中后期已经出现了永久性的股份制公司，股份不再退还给出资人，而是将除了分红之外的资金留作公司进一步发展的资本。

最早的股份制公司是成立于 1602 年的英国东印度公司（East India Company of English），公司被当时的英国女王伊丽莎白一世（Elizabeth I）赋予了 15 年的东印度贸易的皇家特许垄断权，并被赋予了许多行政管理权和军事功能。随着时间的流逝，东印度公司不仅变成商业贸易帝国，也借机主宰了印度，直到 1858 年公司被英国政府解散，其功能才被解除。

荷兰东印度公司的成立是一个传奇。

1592年，科恩奈里斯·浩特曼（Cornelis de Houtman）被阿姆斯特丹商人派到葡萄牙里斯本（Lisbon）工作，但其真实身份是一名商业间谍，目的是刺探葡萄牙到东方香料群岛的航线资料。浩特曼获取情报后回到荷兰，与资助他的这群商人合伙成立了一家公司，利用刺探来的资讯向东印度地区继续深入发展。在雄厚的资金和情报基础上，从1595年至1602年，荷兰先后成立了14家以东印度贸易为重点的公司。

1602年，为了继续向更高层次发展，同时避免过度的不合理商业竞争，这14家以东印度贸易为目标的公司最终合并成一家联合公司，也就是后来著名的荷兰联合东印度公司。像英国东印度公司一样，荷兰当时的国家议会授权荷兰东印度公司在好望角和麦哲伦海峡之间具有贸易垄断权。

由于东印度公司资金不足，荷兰商人为了筹集资金，就将公司的股份面向所有人公开出售，人们购买股份，而公司则承诺将来分红，荷兰国会也将一些只有国家才能拥有的权力折合成25000荷兰盾入股东印度公司，从而增强了公司的信誉。

鉴于该公司是第一个可以自组佣兵、发行货币、与其他国家订立条约的股份有限公司，并额外拥有对殖民地实行殖民统治的权力，荷兰人踊跃购买东印度公司的股票，甚至连市长都成了东印度公司的股东。由于股票有限，不能满足所有人的需求，几天后股票就加价15%出售，而为了方便股东们交易公司的股票，荷兰终于在1602年前后创办了世界上第一个证券交易所——阿姆斯特丹证券交易所。

世界上第一个证券交易所和第一支股票就这样出现了。

随后，在1609年，阿姆斯特丹银行也诞生了。

毫无疑问，荷兰人是现代商品经济制度的最初创造者，他们把银行、证券交易所、信用以及有限责任公司有机地统一起来，成为一个相互贯通的金融和商业体系，并带来了爆炸式的财富增长。

尽管股票在最初的10年间没有分红，但是由于存在着自由交易的股票市场，东印度公司的经营并没有出现比较严重的问题。

东印度公司最终真的让股东们如愿以偿，它成功地在印度尼西亚实现了残酷的殖民统治，甚至赶走了斯里兰卡所有的葡萄牙人，贸易的触角还延伸到了亚洲的很多国家，最终建立起亚洲国家贸易体系。1669年，荷兰东印度公司已经成为世界上最富有的公司，拥有150条商船、40条战舰、5万名员工和1万人左右的私人武装，公司投资的收益率高达40%。

股票投资者当然也发财了，在1612年股票红利就达到57.5%，而在公司成立之后的80年里，股票分红居然达到原有资本的1482%。在货币没有贬值的金属货币时代，这简直是天大的喜事!

更辉煌的成就发生在荷兰的阿姆斯特丹证券交易所中。

公开发售的股票加上自由交易市场的形成极大地刺激了荷兰金融界的创新精神，整个欧洲的货币流通速度都随之变快了。阿姆斯特丹证券交易所就像现在的华尔街一样，欧洲各地的资金潮水般涌向这里，以至于城市里有名气的贸易和银行家族相互之间的贷款利率已低到了那个时代难以想象的2.5%。另一方面，几乎整个欧洲都向阿姆斯特丹借债，这些借债人包括瑞典国王、丹麦国王、俄国沙皇、神圣罗马帝国皇帝、萨克森选侯、汉堡市政府，甚至包括北美独立战争中的美国起义军。没有城市里富裕商人们的资金援助，没有荷兰的阿姆斯特丹证券交易所，任何一方的战争就不会取得胜利。

阿姆斯特丹证券交易所的交易在飞速发展着，不仅有东印度公司和其他公司的股票，还加入了荷兰公共债券、英国国债等政府债券品种。在17世纪中叶，阿姆斯特丹证券交易所里已经开始聚集一些证券经纪人。他们都有固定不变的席位，分成几个派系进行交易战，通过股价或者债券价格涨跌挣钱，有超过1000名股票经纪人为此端上了饭碗。而前来从事股票和债券交易的不仅有荷兰人，更有来自欧洲其他国家的人，大量的股息收入和税金收入最终有预谋地流入了荷兰国库和普通人的腰包。据分析专家统计，仅从英国国债交易中，荷兰每年就可以获得2500万荷兰盾左右的收入，这对于其他国家来说几乎是个天文数字。于是，当时的荷兰毫无疑问成了全欧洲最富裕的国家。

阿姆斯特丹证券交易所里除了有政府债券和股票买卖之外，每个人几乎都可以对某只股票和债券赌涨赌跌，投机者们可以空手买进，也完全可以空手卖出，收盘时结算盈亏，互相交割差额。人们可以随时自由地将自己持有的股票变成现金或者将现金变为股票。总之，流动性、公开性和投机性等现代金融市场的关键要素，在阿姆斯特丹证券交易所里都已存在了。

由此可见，阿姆斯特丹证券交易所的成立标志着现代金融市场终于开始形成了。

很明显，脱离了君主专制统治的荷兰人很早就认识到股票市场具有募集生产资金、优化资源配置、吸引公众参与管理、促进企业改革、促使风险分散化等作用了。

但是，证券市场一旦建立，在成功地实现了金融资本合理配置的同时，投机行为也出现了。到1688年，东印度公司的股票投机氛围逐渐浓厚起来。

一开始，好望角有消息传来说，荷兰东印度公司在其印度领地获得的收益十分巨大，现在船队正满载着丰富的货物回国呢，为此股票立即上涨。不久以后，大投机商们忽然又慌张不安起来，因为据说整个船队在沙滩搁浅而导致财富全部损失，这个传言又使得股票行情下跌。后来又传来消息说，船队已经脱离了危险并且船员增加了，为此行情又出现转机。

实际的情况是船队一直在正常航行中，并安然无恙地返回到荷兰港口。此时交易所里的人们十分乐观，但是他们马上又全部开始失望了。因为货物最多只能卖到 34 桶黄金，而他们最初估计能卖到 50 多桶黄金。显然，这一消息有利于那些期盼行情下跌的人，为了使股东陷入恐慌，他们又散布消息说荷兰与法兰西国王路易十四的战争即将开始，荷兰马上就会遭遇税收增加、市场崩溃等灾难，结果几天之内证券行情持续下滑，东印度公司的股票几乎全部无法卖出去。“到后来，人们简直就是在用股票来乞求施舍，好像是在向买主要求救济。交易所里出现了一片恐慌和动荡，好像世界要灭亡一样。”

期货：风险和收益的“放大镜”

股票是出资人拥有一个公司部分产权的凭证，代表着真实的财富拥有权，而且公司从股票市场上募集到的资金也是为了投入到公司的实际生产中，是有利于实体经济增长的；但期货则不同，除了用于“对冲风险”之外，它不会创造任何价值，而金融市场发展至今，“对冲风险”的那点好处如果与期货市场投机所造成的经济不稳定性相比，恐怕根本不值一提。无论期货合约是买进还是卖出，本质上只不过是从别人的腰包里把钱拿走而已。

——金融常识

“future”一词是“未来”的意思，但是在金融市场上，这个词却被翻译为“期货”。

期货是指“交易双方共同约定在未来某一时候以某种价格交割实货的合约”。

可以想象，期货交易应该是基于现金现货交易的，而当交易双方承诺进行远期交易时，期货也就随之产生了。随着交易范围的不断扩大，口头承诺最终被买卖契约所代替，而且对商品交割时间、交割方式、交割内容等契约要求的日益复杂化，也需要有中间人这一角色来担保，以便监督买卖双方能够按期交货或者付款，就这样商品期货交易所出现了。

原先的期货合约与农产品价格波动有关，例如每年的收成季节，出于各种原因，粮食价格可能会被压低或者被抬高，而农民们播种时对粮食价格的高低无能为力，对收入预期不存在任何把握；同时在另一方面，商人们对于收购粮食价格也会出现明显的不确定性，在价格上也存在风险。双方都有各自的需求，为此约定就成为可能，农场主与商人就约定在粮食收获后以某种价格交割，这样的合约慢慢就变成了现在所谓的期货。

据记载，伦敦的皇家交易所（The Royal Exchange）是世界上第一个处理远期合同的正规交易所，但最初的雏形却是诞生于日本。

随着美国农业的崛起和运输业的发展，谷物交易开始向远期交易的方式发展。美国最大的谷物集散地芝加哥在 1848 就组织了芝加哥期货交易所（Chicago Board of Trade，简称 CBOT），尽管其成立后相当长一段时间内没有发展期货合约交易，而仅仅是作为一个集中进行现货交易的场所。

1865 年，芝加哥谷物交易所创造性地推出了一种被称为“期货合约”的标准化协议，包括品质、数量、交货时间、交货地点以及付款条件等的标准化合约取代了原先沿用的远期合同，这为期货合约交易创造了有利条件。

这种标准化合约不仅允许合约转手买卖，而且完善了保证金制度，这样就形成了专门买卖标准化合约的期货市场。但是，真正意义上的期货交易直到 19 世纪末现代结算系统建立之后才渐趋完善，整个健全的期货市场结构也是在这之后建立起来的。

所以说，期货就是用一定的保证金（CBOT 最初的保证金比例被确定为合约总价值的 10%）来签署一个适用于双方的标准的远期合约，到行权日就按照合约进行交割，一开始的时候必须按照产品的现货结算，到后来就可以按照现金结算或者选择现货结算了。

在期货交易所早期，交易的产品主要是稻米、玉米、小麦、燕麦和大豆等大宗农产品，此后加入了棉花、洋葱以及鸡蛋、黄油、牛肉，甚至包括黄金、白银、铜、铝等贵金属。

既然商品可以采用保证金的方式来签订购买合约，股票当然也是可以的。股票期权（Stock Options）也随之产生。

尽管现代的股票期权制度最初于 20 世纪 50 年代在美国产生，其目的仅仅是为了激励公司的大多数管理人员，同时也是为了避免高额的个人所得税，但它最终却意外地发展为现代金融市场一个重要的期货交易品种，这就是曾经在中国证券市场风靡一时的权证——中国香港称之为“涡轮”(Warrant)。

股票期权大多数都是通过上市公司来发行的，但在某些金融市场也可以通过投资银行来发行，例如中国香港的很多“涡轮”就是这种情况。

1971 年布雷顿森林体系的垮台导致美元贬值，为了吸收市场上“过剩”的美元，各金融机构相继开发金融期货，导致金融创新不断。

到了 1972 年，芝加哥商业交易所（Chicago Mercantile Exchange，简称 CME）开始了它第一笔金融期货交易——关于外汇的期货合约交易。交易所还开辟了国际货币的市场分部（IMM），进行英镑、加拿大元、德国马克、意大利里拉、日元、瑞士法郎和墨西哥比索等币种同美元的汇率期货合约的交易。

CBOT 的第一种金融期货合约最终在 1975 年推出，该合约是基于政府全国抵押协会抵押担保证券的期货合约。随着它的推出，期货交易引进了多种不同的金融工具，其中有美国国库中长期债券、股价指数和利率互换等。1984 年，CBOT 又将期权交易方式应用于政府长期国库券期货合约买卖，由此产生了期货期权。

全球其他期货交易所也不会轻易服输，先后推出了抵押证券期货、国库券期货、股票指数期货等金融期货合约的交易。

商品期货交易经历 200 年左右的发展才达到今天的规模，而金融期货交易只不过十几年便成型了。到 1986 年，包括外汇期货、利率期货和股票指数期货 3 种期货在内的金融期货基本上占到全球期货总交易的 70%左右，而到了 21 世纪，这一比例达到 80%以上。

期货，尤其是各类金融期货，实在是人类想象力的奇迹。

客观来讲，期货市场没有创造出任何实际的价值，它在本质上是一个零和游戏，因此自从正式的期货市场在美国建立以来，有关期货市场投机的道德讨论就一直没有中断过。

早在芝加哥期货市场建立的时候，人们就认为应当得到报酬的是用其汗水和辛劳把小麦带到市场上的农场主，而不是那些在交易所里叫喊着买进和卖出小麦指令的人。

相反的是，期货交易商们声称如果没有期货交易，那么留给农场主们的就可能是卖不出去的谷物，价格就会在收获季节突然变化甚至引发经济崩溃，所以他们的交易具有强大的经济效能。对于那些农场主们来说，他们最初同意建立远期合同只是希望能够实现对农产品价格的控制而已，但是当期货市场建立之后，他们却发现价格的波动更加剧烈了，几个从未从事过农业生产的期货交易商们在通过简单的买空和卖空而操纵着谷物的价格。

农场主们认为受过投机和剥削训练的城市期货交易商们一直在利用农场主的孤立和经济上的无知去获取自己的巨大利益，正是由于期货交易耗尽了高尚的耕作劳动的强大生命力，他们强烈要求关闭期货市场。

或许，人类天性中最热衷的恰恰就是那些“零和游戏”，比如赌博，明知输赢只不过是大家口袋里的钱币互换，人类却从未摆脱。就期货市场来说，如果没有了投机者，期货交易所可能立即就会变成一个毫无生机的地方，而正是人们那种对金钱投机的渴望支撑着期货市场继续不断地发展。

现在，全世界商品交易所中的期货既有传统的大宗农产品的期货，如稻米、玉米、小麦、燕麦、棉花、油菜籽、黄豆、糖、咖啡、可可、猪、猪肚、木材等；又有新加入的金属期货，如黄金、白银、铂金、铜、铝、铅、锌、镍等，也有方兴未艾的能源期货，如原油、汽油、柴油、燃油、天然气等；还有20世纪70年代以后产生的金融期货，如外汇期货、利率期货、股票期货等。

长期以来，在美国，CBOT以农产品期货和国债期货为主；CME则以畜产品、短期利率欧洲美元产品以及股指期货为主；1973年成立的芝加哥期权交易所（CBOE）以交易指数期权和个股期权为主；地处曼哈顿金融中心的纽约商业交易所（NYMEX）则以能源、铂金及钯金交易为主；位于纽约的纽约商品交易所（COMEX）以黄金、白银、铜、铝及其他金属期货为主；纽约期货交易所（NYBOT）以棉花、咖啡、糖和可可的期货交易为主。

最近几年，交易所合并的步伐很快，1994年NYMEX和COMEX合并组成了后来的纽约商业交易所；NYBOT也是1998年由棉花交易所和咖啡、糖和可可交易所合并而来的；2006年，CBOT和CME合并，组成了芝加哥交易所集团；2008年3月17日，芝加哥交易所集团对纽约商业交易所进行了强势收购，芝加哥交易所集团从此在北美期货行业中成为最强势的一家。

在欧洲市场，期货市场主要有欧洲期货交易所（EUREX，主要交易德国国债和欧元区股指期货等）和泛欧交易所（Euronext，主要交易欧元区短期利率期货和股指期货等），此外还有伦敦金属交易所（LME，主要交易基础金属）和国际石油交易所（IPE，主要交易布伦特原油等能源产品）。

作为期货交易所的发源地之一，日本在亚太的期货市场较为发达，主要有东京工业品交易所（主要交易品种是能源和贵金属期货）、东京谷物交易所（主要是农产品期货）、东京证券交易所（主要交易国债期货和股指期货）、大阪证券交易所（主要交易日经225指数期货）、东京金融交易所（主要交易短期利率期货）等。在韩国、新加坡、澳大利亚，期货市场在交易金融期货方面也比较发达。中国香港地区的期货市场背靠中国大陆，近年来发展也很快，主要以香港交易所集团下的恒生指数期货、H股指数期货以及各种涡轮为主。

目前，中国内地有上海期货交易所（主要交易金属、能源、橡胶等工业品期货）、大连商品交易所（交易大豆、玉米等农产品期货）、郑州商品交易所（交易小麦、棉花、白糖等农产品期货）、上海黄金交易所（主要交易黄金、白银、铂金）等。此外，中国金融期货交易所也已经上市沪深3001股指期货。

“无中生有”的金融衍生品

如果要增加未来的现金流，就把它做成证券；如果想经营风险，也把它做成证券。

——美国华尔街名言

随着 2008 年金融危机的爆发，“金融衍生品”（derivatives）这个词开始为人们所认识和熟悉。所谓金融衍生品，就是指由原生资产（Underlying Assets）派生出来的一些合约，就像豆浆是大豆的衍生品一样。比如，期货就是最典型的金融衍生品之一，它将远期交割产品（无论是商品、股票、外汇、利率还是债券）的交易价格、交易时间、资产特征、交易方式等都事先标准化，然后在交易所上市交易。

至于合约，可以是标准化的期货合约，也可以是非标准化的其他合约，均可以在交易所进行交易，也可以是场外交易（Over The Counter，OTC），甚至包括那些纯粹买卖数字的金融衍生品，例如纸豆浆。我们可以用一个具体的事例来说明：如果现在豆浆价格为 100 分（即 1 元）一杯，记为 100 点，而投资银行等金融机构就只卖给你 100 这个数字，1 个点卖 100 元。如果你要买 1 杯纸豆浆的话，就需要 1 万元（当然，很公平，谁都可以买）；如果你买 10 杯，就是 10 万元。不论你买多少，你买到的只是一个纯粹的数字，而你支付的却是实实在在的钞票。

为什么纯粹的数字也可以拿来买卖呢？原因很简单，因为它有可能赚钱！如果将来豆浆的价格涨到 150 分一杯，那么你当初花 1 万元买的这杯豆浆衍生品，直接卖给银行就可以获得 1.5 万元；如果将来豆浆价格跌到 50 分 1 杯，你卖给银行就只能换回来 5000 元了，而银行的手续费当然是照收不误的。所以，无论是银行还是买者，都有利可图，也正因为如此，"数字游戏"才得以进行。

事实上，现在全世界金融市场上大卖特卖的纸黄金、股指期货等和纸豆浆是一样的道理。在这里，我们有必要提一下股票，从表面上看，股票也是在买卖数字（价格），但是需要澄清的是，股票不是金融衍生品，因为股票是拥有一个公司部分真实资产的凭证，所以它是实体经济的衍生物，是金融品而不是金融衍生品。不过，再由股票衍生出来的产品，如股指期货、股票期权（权证），因为它们都是由股票这个金融品衍生出来的，所以就变成了金融衍生品。

除了纸黄金、纸白银之类直接从商品价格数字上衍生出来的衍生品之外，其他金融衍生品基本上都是保证金交易，即只要支付一定比例的保证金就可进行全额交易，而不需全部本金的转移，合约的履行一般采用现金差价结算方式进行，只有在满期日以实物交割方式履行的合约才需要买方交足贷款。

根据原生资产的不同类别，金融衍生品可以分为股票类衍生品、利率类衍生品、汇率类衍生品和商品类衍生品 4 种。

各种商品期货都属于商品类金融衍生品，包括前面提到的纸黄金、纸白银等；股票类金融衍生品包括具体的某个上市公司的股票期货、股票期权以及纯粹买卖数字的股票指数期货和股票指数期权等；货币远期、货币期权、货币掉期合约等涉及货币之间汇率的金融衍生品则属于汇率类金融衍生品，所谓的“炒外汇”其实就是炒汇率期货；利率类金融衍生品比较复杂，除直接涉及利率本身的利率期货、利率远期、利率期权、利率掉期合约等金融衍生品之外，还包括各类长期利率的债券，例如美国国债、地方债、公司债以及引发 2008 年金融危机的房屋债券等。特别值得一提的是，在利率类金融衍生品中所涉及的债券基础上，又发展出来另外一类金融衍生品——信用衍生品，这正是 2007 年迄今一直搅动金融市场神经，并且一次次成为次贷危机、银行业金融危机以及主权债务危机的核心因素——信用违约互换（Credit Default Swap，CDS），也被称为“贷款违约保险”。

下面我们着重分析一下由 2007 年次级房屋贷款所衍生出来的那些金融衍生品。

从 2001 年开始，美国政府为了让穷人也买得起房子，美联储猛降利率，银行也趁机降低门槛，大量发放贷款，其结果是银行的业务扩大，但其收益也仅仅是账单上数字的猛升，大量贷款却无法收回。正是在这样的情况下，银行找到了一条出路，即证券化，正如华尔街的那句名言：“如果要增加现金，就把它做成证券；如果想经营风险，也把它做成证券。”按揭抵押债券（MBS，Mortgage Backed Securities）一词正是由此而来的，其大致意思就是将房屋按揭债务集成在一起打包，然后制成标准的凭证，最后将这些由按揭债务作为抵押的凭证卖给投资人，债务的利息收入与债务风险也同时“转移”。简单地说，就相当于把一大堆性质类似的“欠条”

打包作为资产卖给别人。

这样高风险的凭证怎么能卖出去呢？这还有赖于产品的包装。说到这里就不得不提到房利美公司（Fannie Mae）和房地美公司（Freddie Mac）以及华尔街五大投资银行，它们都是干这种“包装”业务的顶级高手。它们根据过去几年房价猛涨的势头，首先将那些房屋 MBS 按照可能出现还款拖欠的概率分类，其中违约可能性较小的自然叫作“特优级放贷”，违约风险中等的叫作“优质级放贷”，违约风险最高的就叫作“次优级放贷”。

将 MBS 划分等级之后，投资银行找到评级公司（如穆迪、标普等），按照过去几年房地产价格连续上涨所形成的数字，用一堆复杂的公式进行演算，结果这些“特优债券”都成了收益大、风险低的良好投资产品，投资评级“AAA”。正是这样高的投资评级起到了关键性的作用，国外主权投资基金、美国各州的保险基金、政府基金、养老基金、教育基金等纷纷“响应号召”购买。实际上，所谓“优质”或者“次优”，其实是最烂的贷款包。

当然，既然是划分等级，就会有高低之分，评级高的凭证容易卖出，那么评级低的呢？投资银行或者房利美、房地美有自己的“招”，它们主动为这些“欠条”将来的违约买一份保险，这就是贷款违约保险——CDS，将违约风险转嫁给卖保险的保险公司，果然是天衣无缝。但是让人感到奇怪的是，房利美、房地美以及这些投资银行，它们自己也大量买进 MBS 和 CDS。原来，从 2001 年开始美国房屋价格一路上涨，房屋市场一片火爆，MBS 和 CDS 倒成了“聚宝盆”和“摇钱树”。在利益的诱导下，这些投资银行也决定以身犯险，正应了中国那句老话“骗人骗多了，连自己都信”。

于是，从2003年起，华尔街的各大投资银行、保险公司以及房利美、房地美之间也开始竞相买卖各种MBS和CDS，转了几圈下来，CDS的总额急剧上升。到2007年次贷危机爆发前夕，为各种金融品提供担保的CDS总额达到与全球GDP总量相当的程度。

但是从2007年开始，当美国的房价上涨无以为继时，MBS开始大幅度贬值，CDS也开始清算，从而导致了一系列的问题——比方说在2007年8月，贝尔斯登一家投资银行就面临高达13万亿美元的CDS清算，2008年9月房利美和房地美也面临高达1.4万亿美元的CDS清算，面临这样巨额的CDS清算，它们能不破产吗？再如美国国际集团（American International Group，AIG），美国政府先后对其援助1800亿美元，因为它就是个保险公司，在没有倒闭的公司当中，它卖出有关“次贷”的CDS最多。说到这里，不妨看看全世界的金融衍生品的规模有多大——614.67万亿美元，而其中有相当大一部分是CDS。

对于陷入主权债务危机的国家来说，投资者购买CDS，就相当于为自己手中的国债违约买一个保险，无论是国债的CDS价格急剧上升还是CDS总额急剧上升，都说明投资者不看好这个国家的偿债能力。这样一来，这个国家很有可能在金融市场上借不到钱，或者要像希腊那样承受畸高的利率。

摸不着但看得见的虚拟经济

资本是没有办法才从事物质生产这种倒霉的事情的，它也不愿意去从事物质生产，它总希望有更快、更轻松的赚钱手段。

——马克思

根据马克思的政治经济学理论，进入共产主义社会后，生产力将得到极大提高，社会产品会极大地丰富，人们将不能靠金钱或权力来赢得别人的尊重，而只能通过自觉、自发的劳动来实现自己的人生价值和幸福生活。

曾经有人问股神沃伦·巴菲特（Warren·Buffett）：“你拥有那么多财富，为什么不肯投资实业从事真正的生产，而习惯于在股票、债券和商品市场上通过左右手倒卖来获利呢？”巴菲特回答：“既然股票、债券买卖如此简单，我为什么要去做那些辛苦异常而且又费力不讨好的复杂事情呢？”其实，巴菲特回答了一个很关键的问题，马克思当年在《资本论》中就解释过这个问题：“资本是没有办法才从事物质生产这种倒霉的事情的，它也不愿意去从事物质生产，它总希望有更快、更轻松的赚钱手段……”

可怜的是，我们当中的绝大部分人都没有这样的机会。一些人希望自己或者觉得自己有巴菲特那样的聪明头脑，于是一头扎入股市、外汇或者其他金融产品行业之中，可悲的是，在金融市场的惊涛骇浪中，绝大多数人都一败涂地了。每当股市大跌或者商品价格大跌的时候，总会有媒体报道说：多少多少万亿的财富蒸发了。很多时候，这种“胡言乱语”简直是侮辱了大众的智商。因为不论是股市还是金融市场价格的变动，实质上只不过是阿拉伯数字的变动罢了。其实，只要不是战争或其他物理手段加以摧毁，人类所创造的财富从来都不会像孙悟空的戏法一样，一个“变”字就会凭空消失。也就是说，在金融市场上，只要有人输，就一定有人赢。以股票为例，每一支股票价格下跌，那一定是因为有人卖出去了，那个人已经把钱拿走了！这就是所谓的“货币经济”(Monetory Economy)。

货币经济也称“虚拟经济”，是指那些不从事实际生产，也不直接参与价值转换和价值创造，直接“以钱生钱”的经济活动，其投资回报纯粹来自资产价格本身的上升或下跌，不创造任何真实的价值。例如房屋产权的买来卖去，股票、国债、公司债、期货、期权以及直接针对各国钞票的外汇买卖等。虚拟经济的循环基本都是在金融市场上，先通过交换，把钱换为借据、股票、国债、公司债券、房屋债券、保险单、期权等，然后在适当的时候通过交换把借据、股票、债券再变回钱，达到“用钱生钱”的目的。

而与货币经济相对的实体经济，包括农业、工业、交通、通信业、建筑业、文化产业等从事实实在在的物质、精神产品的生产和流通活动，这才是我们平常所说的“经济”。

毫无疑问，实体经济是人类社会赖以生存和发展的基础，全世界绝大部分人所从事的工作也主要是实体经济。然而，按照当前经济规模的比较来看，实体经济如果算是一个“苹果”的话，虚拟经济则早已膨胀成一个“大西瓜”了。除了股票、房屋产权和大宗商品，单就是那些买来卖去的金融衍生品，总量就已经达到了 614 万亿美元，是全球 GDP 的 9 倍。

40 多年来，全球经济体系里的钞票总量和信用总量直线上升，虚拟经济无限膨胀，远远超过了人类真实财富的增速和规模。

1970 年，全球的钞票存量合计不超过 400 亿美元，而目前已经超过 6 万亿美元。

1970 年，全球的信用总量（银行资产 + 债券 + 股票）不过几千亿美元，而目前已经超越 400 万亿美元。

1970 年，全球的债务规模合计不过千亿美元，而目前已达几十万亿美元，仅美国国债一项就超过 15 万亿美元。

1970 年，全球的外汇交易、金融衍生品之交易量微乎其微，而目前仅每天的外汇交易规模就达到 4 万亿美元（2010 年年底数据），而金融衍生品的日交易量更是达到 10.4 万亿美元之巨（2010 年年底数据），两者合计全年交易量超过 3500 万亿美元。

正如争论人是“性本善”还是“性本恶”一样，每一类货币经济本身的发展并不能简单地定义为善或者恶，在人类发展史上，国债、股票、期货等虚拟经济形式的出现，在一定程度上促进了当时社会经济的发展。如果能够与实体经济保持一定的对应比例，虚拟经济也能够增进整个人类的福利。

第十三章

热钱为何能自由游走
——华尔街的繁荣与衰败

自二战后的布雷顿森林会议始，美元作为世界货币，已经以稳健的姿态矗立在世界金融市场上长达半个多世纪了。但是随着欧元区的扩大，美元已经有了疲软的趋势，虽然现在美元仍然是“世界货币”，但今后欧元对美元的挑战将是前所未有的。从美国目前这种不合理经济结构和对经济危机处理的态度来看，美元从世界第一货币退位将是早晚的事情。

汇率变动：大国博弈的筹码

像中国这样的国家应该有一个独立的货币政策，如果中国要继续维持比较高的经济增长，就必须很好地处理国内经济发展中出现的一些问题。而中国要处理好这些问题，就要有一个灵活的汇率机制。

——胡祖六（经济学家、北大经济学院教授）

汇率作为调节经济的重要杠杆之一，不仅会对一个国家内部的国民收入、物价水平等宏观经济变量产生重大影响，而且会直接影响到国家与国家之间商品的相对比价，进而影响到一个国家的国际收支平衡。

各国的货币汇率时刻都在变动着，但人们对汇率变动的原因可能并不十分清楚，甚至有人认为汇率的变动是政府的控制使然。事实并非如此，影响汇率变动的因素有很多，并不是一国政府能够控制或者完全控制得了的。

随着经济全球化日益扩展，即便是普通老百姓也对外汇和汇率耳熟能详，越来越多的人开始与它打交道，那么外汇汇率究竟是根据什么来确定的呢？这并不是一个简单的问题。

外汇是国际汇兑的简称。一般情况下，一国货币只能在这个国家内部使用，不能在别的国家流通，需要把它兑换成国外货币才能进行正常的交易流通。但是在国家间的经济交往中，一个国家必然会和另外一个国家发生债权债务的关系，这时就必须通过国际汇兑来进行处理。在国家与国家间货币兑换的过程中，两种货币相互兑换的价格或比率就是汇率。根据《中华人民共和国外汇管理条例》的规定，外汇的范围主要包括以下 5 种：外国货币，包括纸币、铸币；外币支付凭证，包括票据、银行存款凭证、邮政储蓄凭证等；外币有价证券，包括政府债券、公司债券、股票等；特别提款权；其他外汇资产。也就是说，凡是以国外货币表示的，能够用于直接偿还对外债务，实现购买国际转移的外币资金或资产，就都属于外汇的范畴。

一般情况下，外汇按照可兑换程度的不同，可分为自由外汇和记账外汇两种。自由外汇称为自由兑换货币，是指在货币的兑换过程中不需要经过货币发行国批准就可以自由兑换成其他币种的货币，或者向其他国家进行支付的外国货币和记账凭证。当前，全球共有 50 多种货币属于自由外汇，但经常用到的主要有 10 多种，如美元、英镑、欧元、日元、瑞士法郎等。而记账外汇则是指在货币兑换过程中需要取得货币发行国批准才能自由兑换成其他货币，或者向其他国家进行支付的外国货币和记账凭证，所以它必须根据特定的两个国家之间的协定方可使用。

无论是自由外汇还是记账外汇，在把一国货币折算成另一国货币时都有一个折算价格或者兑换比率，这就是外汇汇率，简称汇率，我们也可以称之为外汇牌价或外汇行市。

因为国家与国家之间发生政治、经济、文化往来所发生的债权债务关系最终都是通过货币来结算的，所以只要这两个国家之间使用不同的货币，就需要有一个货币兑换比率来作为计算的依据，因而汇率的高低对于兑换双方都是非常重要的，它直接关系到哪种货币较为“值钱”、哪种货币较为“不值钱”的现实问题。

在了解影响汇率确定的因素之前，我们必须了解有关汇率的种类。根据各国汇率制度的表现形式和银行业务的不同特点，汇率可以分为以下几种：

第一，从银行与客户进行外汇交易的角度看，可以分为买入汇率和卖出汇率。

买入汇率就是通常所说的外汇买入价，即银行买入外汇时的价格；卖出汇率就是通常所说的外汇卖出价，即银行卖出外汇时的价格。这里提到的买入和卖出，都是从银行的角度来说的，卖出价与买入价之间会形成一个差额，这个差额就构成了银行买卖外汇的收益。此外，还有一个中间汇率，即买入汇率和卖出汇率的平均价格。中间汇率不是外汇业务中使用的实际成交价，仅仅是在计算或预测汇率时使用的，所以一般可以不用去管它。

无论是买入外汇还是卖出外汇，其标价方法都不一样。以下是主要的几种标价方法：

1. 直接标价法——直接以外币为基准货币进行标价。

在外汇交易过程中，用一定数额的外币折合本币数量较少的汇率，就是报价方买入外汇的价格；反之，用一定数额的外币折合本币数量较多的汇率，就是报价方卖出外汇的价格。例如，中国银行 2009 年 3 月 10 日公布的美元兑人民币市场汇率为：

外汇	买入价	卖出价	现钞买入价
100 美元	682．63	685．37	677．16

案例表明，中国银行在当天买入 100 美元时愿意付出的价格是 682.63 元人民币，卖出 100 美元时将要收取 685.37 元人民币，买入 100 美元现钞时愿意付出的价格是 677.16 元人民币。

2. 间接标价法——直接以本币为基准货币进行标价，这时候从外币来看就变成了间接标价。

在外汇交易过程中，用一定数额的本币折合外币数量较多的汇率，就是报价方买入外汇时的价格；用一定数额的本币折合外币数量较少的汇率，就是报价方卖出外汇时的价格。例，伦敦外汇市场上英国某银行对客户报英镑兑马克的汇率是 2.4120，46（这是汇率报价的特殊表示方式，下文会提及）。这表明，对于该银行来说，英镑是基准货币，马克是外汇。该银行买入 1 英镑时卖出的马克数字是 2.4120，卖出 1 英镑时买入的马克数字是 2.4146。

第二，从汇率是否受货币当局管制的角度看，可以分为官方汇率和市场汇率。

顾名思义，官方汇率是指由国家中央银行和外汇管理局规定的汇率；市场汇率则是指外汇市场上通过供求关系形成的汇率。

第三，从汇率制定方式的角度看，可以分为基本汇率和套算汇率。

基本汇率是指本国货币与本国国际收支业务中使用最多、外汇储备中比例最大的可自由兑换货币之间的汇率（一般是美元），这也是确定外汇汇率的基本依据。在基本汇率基础上，通过国际外汇市场上美元和其他主要货币之间的汇率来确定本国货币与其他货币汇率，就叫套算汇率，也叫交叉汇率。

第四，从外汇交易交割期限角度看，可以分为即期汇率和远期汇率。

即期汇率要求买卖双方在成交后的当天（最多不超过 2 个营业日）交割完毕；远期汇率则可以在将来某个时间内进行交割。远期汇率是通过在即期汇率的基础上加减升贴水来计算的。

第五，从外汇支付工具的付款时间角度看，可以分为电汇汇率、信汇汇率、票汇汇率。

电汇汇率是银行通过电报方式通知国外分支机构或代理机构所使用的汇率，这也是目前最常用的支付工具之一。由于电汇付款具有时间快、资金到账银行无法占用等特点，所以电汇汇率的卖出价相对较高。信汇汇率是银行通过信件方式通知付款时的汇率。由于这种方式需要时间相对较长，银行在这一期限内可以暂时利用这部分资金，因此信汇汇率的卖出价较低。票汇汇率是银行买卖外汇汇票时使用的汇率，分为即期汇票汇率和远期汇票汇率。即期汇票汇率比电汇汇率低，远期汇票汇率就更低了。

在了解了上述汇率品种之后，我们就知道了决定汇率高低的因素主要有以下几个方面：

第一，两种货币的价值高低。货币价值的高低是决定汇率变动的最根本因素。在金本位制度下，主要是看两种铸币中的含纯金量；而在纸币制度下，主要是看两国纸币本身代表的价值量，也就是购买力。

第二，国际收支状况。国际收支状况是决定汇率变动的主导因素。如果是国际收支顺差，则表明外汇供大于求，就会引起外汇汇率下降；相反，如果是国际收支逆差，则会引起外汇汇率的相应上升。

第三，通货膨胀率高低。通货膨胀率的高低是决定汇率变动的基本因素。通货膨胀会使得货币在国内的购买力有所下降，同样也会导致相对于外币的贬值而带来的外汇汇率的上升。

第四，利率水平。利率水平是决定汇率变动的短期因素。不同国家的利率发生变化，就会导致资金，尤其是短期资金从利率低的国家流向利率高的国家。

第五，各国汇率政策和中央银行对外汇市场的干预程度。政府的干预是决定汇率变动的政策因素。政府可以通过调整本国的货币政策和利率的变动来影响汇率，进而干预外汇市场，对汇率水平施加影响。

在我国，人民币汇率从 2005 年 7 月 21 日起已经不再盯住单一的美元，开始采取以市场供求为基础，参考一篮子货币进行调节的汇率机制。例如，在当天晚上，美元对人民币的交易价格确定为 1 美元兑 8.11 元人民币，作为第二天外汇市场上银行间外汇交易的中间价，之后每天都要公布中间价作为标准。银行间的外汇市场，美元对人民币的交易价格允许在中间价 3‰的幅度内上下浮动。

宝贵的金子——金本位制度

> 美元是世界货币，世界贸易的一切结算以及财富价值的衡量都需要美元，这样其他国家对美元就有需求，美国就必须印刷美元提供给整个世界。美元越多，美元势必会贬值，为了维护美元的价值，美国就必须发行国债，收回这些美元。
>
> ——金融常识

“美元”（dollar）并不是美国的本土词汇，而是来自于遥远的波西米亚（Bohemia，今捷克境内）地区一个叫作阿希姆斯塔勒的小镇（Joachimstal）——Joachimstal一词的意思是Voachims（山谷）。这个山谷盛产白银，居住在这个镇上的里克伯爵（Count of Schlick）铸造了许多1盎司重的银币，这些银币做工精美、重量标准，人们都非常喜欢，从而得以广泛流通，当时这种银币被称为“阿希姆斯塔勒”（Joachimsthaler）或“希里克斯塔勒”（Schlichtenthaler）。因为这两个名称都很长，使用不便，后来人们干脆简称它为“塔勒”（thaler）。但是在荷兰及德国南方一带，“thaler”一词开头的辅音常常软化而变成“达勒”（daler），当银币传入英国之后，英语按照发音将其拼写为“道勒”（dollar）。

美国在独立战争以前，北美殖民地已经有人采用“道勒”的模具铸造1盎司重的银币，但当地人们使用最广泛的银币是西班牙比索（Peso），无论其重量还是外形都与“道勒”非常相似，所以人们称之为“西班牙道勒”（Spanish dollar），即西班牙元。

北美独立战争胜利后，为了显示与宗主国大英帝国不一样的“新人新气象”，刚刚获得独立的美国将官方货币从英镑变成了美元，国会正式立法通过将“元”（dollar）作为美国的法定货币单位。只是，由于当时在美国流通的贸易货币西班牙比索的含银量已经从1盎司降低到了0.8盎司左右，所以美元的最初价值也相应地被定为0.8盎司的白银。

在美国的宪法中有这样一个条款，那就是只有国会才具有“铸造货币、调节其价值，并厘定外币价值以及制定度量衡标准”的权力。如在宪法第一条第十款中明确规定，各州“不得铸造货币，不得发行纸币，不得指定金银币以外的物品作为偿还债务的法定货币”。也就是说，美国宪法从一开始就规定，不得发行纸币，纸币更不能替代美元流通。之后，美国国会进一步决定采用金银复本位制（Bimetallic Standard）来决定美元的价值，按照当时颁布的《铸币法案》，1个美元折合371.25格令纯银或24.75格令纯金。

《铸币法案》同时还规定，美元采用十进位制，美元以下的辅币有5分银币（half-disme）、1角银币（disme）和贰角半银币（quarter-dollor）。任何人都可以携黄金或白银到铸币厂铸成金币或银币，人们还可以用247.5格令黄金换得10美元金币，或者用371.25格令白银换得1美元银币——从中可以看出，美国当时规定的金银比价是15∶1。也正是这个金银比的问题，让有些人从中看出了“挣钱”的门道。例如由于法国政府在

1803 年将金银价值比规定为 15.5：1，当时有人就在美国用 15 磅白银换 1 磅黄金，然后拿到法国兑换成 15.5 磅白银，然后再跑到美国兑换成黄金，来回倒腾，从中获利。

到杰克逊（Andrew Jackson）政府执政时期，美国发现国内的白银日渐增多，就在 1834 年将金币贬值，规定 10 元金币的含金量减少到 232.2 格令黄金，但银币含银量不变。这样一来，1 盎司黄金的价格就变为 20.67 美元，而 1 盎司白银的价格则变为 1.292 美元（原来是 1.25 美元），金银价值比也变为 16：1。你可能以为人们不会再在美国倒腾黄金白银了吧？事实并非如此，他们还是在倒腾，只不过方向相反而已。因为这个时候法国的金银比率还是 15.5：1，人们在法国用 15.5 磅白银换 1 磅黄金，然后跑到美国兑换成 16 磅白银……不论倒腾还是不倒腾，截至 1857 年以前，美元都是标准的金币或银币，即使某个银行发行纸币，纸币上也都清清楚楚地注明“持有人可凭此兑取金币”或者“持有人可凭此兑取银币”之类的字眼——这种纸币则被称为“金元券”或“银元券”。

1857 年，受到经济萧条的影响，华盛顿的联邦政府开始出现大规模赤字。1860 年 12 月，当美国南方各州纷纷脱离联邦政府的时候，北方政府的国库中早已空空如也，尽管当时美国联邦政府每天的支出费用仅为 17.2 万美元，可政府甚至没有足够的钱来支付国会议员的薪水。

1861 年夏天，美国南北战争打响，联邦政府每天的费用支出迅速上涨到 100 万美元，到 12 月已经上涨到每天 150 万美元。当时联邦政府根本没有那么多的真金白银来支付相关费用，在这样的情况下，政府最终宣布废除金银本位制。

但是为了筹措战争费用，无论是北方联邦政府还是南方政府，除了增税、借钱之外，他们想到的第三种办法就是通过银行发行不兑现纸币，这就是著名的“绿背钞”（Green back）。据统计，战争期间绿背钞发行总额达到4.5亿美元，占当时美国全部流通货币量的一半，占联邦政府战争融资总额的13%。不出所料的是，绿背钞的使用引发了严重的通货膨胀，美国战时的物价是战前物价的180%。

不过，当时的美国政府依然把发行信用纸币看作紧急状态下一种不得已的行为，因此当战后经济逐渐稳定下来之后，美国国会于1873年通过了《铸币条例》，强调金币铸造的合法性。到1875年，国会又通过了《恢复硬币支付法案》，确定将以1盎司20美元的战前平价，用黄金兑换绿背钞，以确保所有的纸币都是可兑现纸币。由于1873年的《铸币条例》根本没有提及银币的铸造，从这个意义上说，美国已经进入金本位时代。

然而从1874年起，在美国西部各州相继发现了大型银矿，一时间美国的白银供应量开始急剧增加。例如内华达州银矿，1873年还仅产出了64.5万美元的白银，到1875年居然产出了1612.5万美元的白银，暴涨了25倍。雪上加霜的是，恰好在这个时期，主要欧洲国家的货币制度纷纷从银本位或金银复本位制变为金本位制度，由此开始在市场上大量倾销原来作为货币储备的白银，导致国际市场银价开始急剧下跌。美国的银矿主们发现，如果没有1873年的《铸币条例》，他们仍然可以1盎司1.292美元的价格出售白银给国家铸币厂，但现在却要以远低于1.292美元的价格在市场上出售。因此，利益受损的银矿主们联合当时的农场主群体，要求政府购买他们所生产的白银，并以16：1的金银比价自由和无限制地铸造银币。为此，他们甚至指责1873年通过的《铸币条例》是“1873年之罪行”（the Crime of 1873）。这就是美国货币史上赫赫有名的银币自由铸造运动（Free Silver Movement）。就这样，美元体系又恢复了曾经的金银复本位货币制度。

随着美国银币铸造量的迅速上升，受供求关系的影响，白银兑黄金的价值不断下降，再加上欧洲多国都已经实施金本位，人们开始用绿背钞、金库兑换券和银币等兑换美国国库的黄金储备。到 1893 年，美国财政部的黄金储备已降低到公认的最低安全额度以下。当时的人们担心美国的黄金储备很快就会消失，由此引发了 1893 年的经济恐慌，导致美国数千家企业破产，数百家银行倒闭。新上任的克利夫兰（Grover Cleveland）总统认为，美国爆发经济恐慌和萧条的根本原因是美国没有坚定地遵守金本位货币制度，因此他要求财政部无条件地停止购买白银，随即废除了《谢尔曼购银法案》。

《谢尔曼购银法案》的废除严重影响到了白银运动相关利益方的利益，他们也不甘示弱，愈挫愈勇，使银币自由铸造运动达到了高潮，对于“是否坚持金本位”的货币制度成了美国南北战争以来最尖锐的全国性问题，并在 1896 年的美国总统大选中摊牌。当年的美国总统大选在共和党候选人麦金莱（William McKinley）和民主党候选人布莱恩（William Jennings Bryan）之间展开，而支持金本位的民主党人——前总统克利夫兰甚至被排挤了出去，以免影响民主党的选情。可以说，这是一场精彩的对决。布莱恩说：“你们不应当把带刺的王冠按低压在劳动者的眼眉上，你们不应当把人类钉死在金十字架上!”布莱恩还谴责金本位“是英国政策，会使美国成为伦敦的金融奴隶”。布莱恩的民主党发誓：“要废除国民银行纸币，代之以一个政府发行的纸币，并且可以兑赎铸币，当然包括白银铸币……”

相比之下，麦金莱说：“我们不能拿货币那样神圣的东西来赌博，人民党和白银党宣称自由和无限铸造银币，对我国的金融和工业利益是一个威胁，并已经产生了普遍的惊慌……这危及工商企业对国家的信心。”他还提道：“共和党无保留地支持健全货币，自从1879年恢复硬币支付以来，每一美元都像黄金一样好。我们坚定不移地反对任何旨在使我们的货币贬值或损害国家信用的行为。除非与主要商业国家达成国际金银复本位制协议……现存金本位制必须维持……”选举的结果是支持金本位的麦金莱以微弱优势获胜。

4年之后的1900年，同样的总统选举，同样的两个人，同样的议题，同样的论战——同样的结局，这次麦金莱是以更大的优势获胜的。布莱恩两次大选失败宣告了美国白银运动的彻底失败，金本位在美国取得了最终胜利。1900年，美国《金本位法》正式颁布，确定了美元跟着黄金走的制度。

银行业恐慌催生美联储

美联储的全称叫 The Board of Governors of The Federal Reserve System，即联邦储备系统管理委员会，也可以称之为联邦储备系统理事会，它是一个联邦政府机构，其办公地点位于美国华盛顿特区。该委员会由 7 名成员组成（其中主席和副主席各 1 名，委员 5 名），须由美国总统提名，经美国国会上院之参议院批准方可上任，任期为 14 年（主席和副主席任期为 4 年，可连任）。

——金融常识

在金本位确立之后，黄金成为美国唯一的钱，纸币和白银只是黄金的一个代表，是以黄金计价的商品，而美元就是黄金。不过，1913 年成立的美国联邦储备系统改变了这一切。

1913 年，美国国会通过了《联邦储备法案》，建立了政治上独立的联邦储备系统，其主要职责包括监管银行系统、管理货币供应等。法案规定，美国全国划分成 12 个联邦储备区，每一个区在指定的中心城市设立一个联邦储备银行，全国共有 12 家联邦储备银行行使中央银行的职能。

首都华盛顿则设立了联邦储备委员会（Federal Reserve System），作为最高领导机构，这正是当今执世界经济之牛耳的美联储的由来。

美国从建国之后就尽量远离欧洲事务，一心一意发展生产力，“闷声发大财”，再加上制度先进、土地肥沃、人口适中等优势，经济持续发展，到 1914 年第一次世界大战爆发时，美国的经济总量已位居世界第一，美元的地位日益突出，威望也日益升高。

为了更好地“管理货币供应”，1914 年 11 月 16 日美国的联邦储备银行发行了一批叫作“联邦储备银行券（Federal Reserve Bank Notes）的纸片片，其实这就是当今世界使用最广泛的美元的正式名称。当然，根据美国当时的法律规定，持有联邦储备券的人可以在任何一家联邦储备银行将手中的纸片片兑换成黄金或其他任何法定货币，这里的“其他货币”指的是国库券、金币、银币以及银元券等。可以说，当时的联邦储备银行券只是美国政府发行的众多纸币中的一种，至多可以称为“假美元”，而只有诸如黄金、国库券、金币、银币以及银元券才是真正的美元。

从 1914 年到 1918 年，趁着欧洲正处于第一次世界大战期间，美国大发了一笔战争财，其黄金储备翻了一番，经济总量更是超过英、德、法三国的总和，成为超级第一。

第一次世界大战期间，老牌欧洲强国诸如英、德、法等国都先后放弃金本位，只有美国的“联邦储备银行券”根据美国《金本位法》的规定，一直保持着和黄金的可兑换能力，并且逐渐成为公认的世界强势货币，甚至可以说，第一次世界大战的爆发和持续促使联邦储备银行券由一国的普通纸币（甚至还不是主要纸币）变成了非常重要的世界货币。

但是，由于美联储在 20 世纪 20 年代长时期放松货币的供应，接下来的1929年便爆发了一发不可收拾的美国经济大萧条，进而引发了扩及世界范围内的经济危机。即便如此，美元与黄金20.67∶1的兑换价值却一直持续到1933年罗斯福（Franklin Delano Roosevelt）当选成为美国总统之时。1933年4月5日，刚上任不久的罗斯福总统发布了一道行政命令，要求所有人向银行交出金币、黄金券和金条，以每盎司黄金20.67美元的价格兑换纸币或银行存款，就是银行也必须向美联储上缴黄金，任何私藏黄金者将被重判10年监禁的重罪和25万美元的罚款。

从此，美国不再允许私人拥有黄金，更不用说拿着美元去找美联储兑换黄金了。

1934年1月，美国又通过了《黄金储备法案》，将金价重新确定为35美元每盎司，但美国人民无权兑换黄金，这个禁令直到40年后的1974年才被解除。

美国人民上缴黄金的时间还不到1年，他们拿到的美元纸币就贬值了70%。

宣称黄金价格为35美元每盎司，却不让人民拿纸币兑换黄金，这个规定颇为荒谬，其实就是等于堂而皇之地告诉你这张纸相当于0.888671克黄金，但你就是不能向我兑换，这可谓名副其实的霸王条款！

更不可思议的是，《黄金储备法案》通过之后，美国联邦储备银行券的回购条款标注了一个“小小的”修改，上面注明“本券是对一切公私债务的法定支付手段，可在美国财政部或任何一家联邦储备银行兑换法定货币”——需要注意的是，去掉了原来的“可以兑换为黄金”。也就是说，从1934年开始，联邦储备银行券开始一步步地篡夺真正的美元名号。

对此，罗斯福的前任总统胡佛（Herbert·C·Hoover）有一个一针见血的评价，他引用了一句古老的格言说：“我们之所以拥有黄金，是因为我们不能相信政府，因为政府可以‘通过操纵通货膨胀和通货紧缩来掳掠人民的储蓄’。”

另外一个意想不到的结果是，美国“白银自由铸造运动”的所有政治诉求在失败了 33 年之后居然在罗斯福时代重新得以实现。

原来，这时的白银价格相比黄金而言已跌至历史的最低点，每盎司甚至低至 0.3 美元左右，罗斯福政府为了满足农场主、产银者、债务人在国内实现货币贬值、通货膨胀的要求，于 1933 年底要求铸币当局以 1 盎司 0.6464 美元的价格购买国内新产白银，并建议财政部在国内外购买白银，直到白银市价达到 1.29 美元每盎司，这时财政部白银储备的价值已达到黄金储备价值的 1/3。此举还促成了 1934 年 6 月的《购银法案》，该法案直到 1963 年才被废除。

从 1933 年底到 1961 年，美国财政部一共花费了 20 亿美元购入白银，这使得美国政府拥有了全世界最大的白银储备，总量高达 60 亿盎司。

在购买白银的过程中，美国政府还发行了大量银元券，由此从某种程度上说美国又恢复成金银复本位制的国家。

1934 年之后的美国，虽然联邦储备银行券只不过规定了美国有黄金价值，不允许人民用联邦储备银行券向政府兑换黄金，但毕竟还与固定黄金数量的价值对应，在发行量上不可能任意胡来。这相比于欧洲各国在 1933 年之后全部彻底废除金本位而实施信用纸币制度，美国的美元还是有信用得多。

第二次世界大战爆发期间，英、德、法等欧洲强国的政府在信用纸币的数量上倾向于无限多发的事实再一次得到了证明。但是相比之下，不管是未参战阶段还是后来的参与战争时期，美国的1个联邦储备银行券至少名义上始终保持着35美元/盎司黄金的固定价值。

整个第二次世界大战时期，在美国仍然能够买到大批物资，由于其价值长期保持稳定，美国的联邦储备银行券（或许该称之为“美元”了）变成当时世界上最有信誉的纸币。

美国人的如意计划

虽然现在一些历史学家认为对于马歇尔计划的正面作用不应过分夸大，但该计划的总体效果还是被绝大多数人所认同的。

——金融常识

1944 年 7 月，第二次世界大战已经接近尾声，44 个国家的经济特使聚集在美国新罕布什尔州一个叫作布雷顿森林的小镇上，他们有着共同的使命和任务——商讨战后的世界经济和贸易格局。

说是商讨，但以美国当时超强的国力和财力来看，大家只不过是来“学习学习”而已。学习的内容是什么呢？当然是美国财政部长助理怀特（White）通告的美国对于第二次世界大战后世界货币金融体系的安排，然后由前任世界霸主英国提一些修补性意见。

这次会议最终通过了《国际货币基金协定》，并决定成立一个国际复兴开发银行（即世界银行）和一个国际货币基金组织，以及一个全球性的贸易组织（即后来的关贸总协定）。

1945 年 12 月 27 日，参加布雷顿森林会议的其中 22 国代表正式在《布雷顿森林协定》上签字，国际货币基金组织和世界银行也随之诞生，这次会议的内容被称为“布雷顿森林体系”（Bretton Woods System）。战后的国际货币体系就此正式宣告成立。

值得注意的是，布雷顿森林体系明确规定，美元直接与黄金挂钩，1个美元的含金量为美国《黄金储备法案》中规定的0.888671克黄金，其他各国货币则与美元挂钩，外国政府或中央银行可以随时按35美元1盎司的价格向美国财政部兑换黄金。

就这样，在国际货币体系中，本名“联邦储备银行券”的美元取得了“等同于”黄金的地位，同时也成了其他各国外汇储备中最主要的国际储备货币。

绿纸片变黄金，引发了全世界人民和各国政府的“收藏热”。然而，问题在于，美元纸币是如何走出美国、走向世界，又是如何在世界范围内确立其中心地位的呢？否则，美国煞费苦心搞出来的这个美元货币本位制度岂不是“竹篮打水一场空”？

由于欧洲各国经济在第二次世界大战当中几乎被战火完全摧毁，布雷顿森林体系刚刚建立，时任美国国务卿的马歇尔将军（George Calett Myshall）就提出了“欧洲复兴计划”（European Recovery Program），声称美国应该援助欧洲经济从战争中恢复和重建，于是很快有了大名鼎鼎的“马歇尔计划”（The Marshall Plan）。马歇尔计划的具体内容是什么呢？其实，就像江湖社会里义薄云天的老大一样，美国说，你们欧洲被战火都摧残成这个样子了，接下来的社会经济重建工作一定非常艰巨，我作为老大，对你们的重建工作要给予坚定的支持——这样吧，我援助你们一大笔钱吧。这笔钱，当然就是美联储印刷的美国联邦储备银行券，就是美元。

马歇尔是在1947年6月5日的一场演讲中提出援助欧洲计划的，他宣告美国“已经为帮助欧洲复兴做好了准备”，并且号召欧洲人民团结起来，共同规划一个他们自己的欧洲重建计划，最后由美国为这一计划提供资金。这一援助计划于 1947 年 7 月正式启动，一直持续了 4 个财政年。在援助期内，西欧各国通过参加经济合作发展组织（OECD）总共接受了美国包括金融、技术、设备等各种形式的援助合计 130 亿美元。

有趣的是，马歇尔计划的援助对象本来也包括当时的苏联和所有东欧国家，但要求被援助国必须参与欧洲统一市场的建设、放弃部分经济主权等条件，而当时的苏联和东欧国家仍实行计划经济，还未创造出“社会主义市场经济”这一概念，所以它们断然拒绝了马歇尔这一援助计划。

而西欧那些经过战争洗礼的国家，得到了能直接兑换成黄金、购买大批物资的宝贵美元当然是感激涕零，自此唯美国马首是瞻。正因为这样，由经济领域出发，以美国为代表的资本主义阵营和以苏联为代表的社会主义阵营两大阵营在全球开启了第二次世界大战之后持续了 40 多年的冷战。

随着马歇尔计划援助和稳定了西欧，美元也相应地在世界人民的心目中建立了无比崇高的信誉和威望。

事实上，不仅西欧国家，当时的日本、拉美、中东产油国、南亚国家、东南亚国家、非洲国家，甚至苏联、东欧国家、中国、越南、朝鲜等这些宣称美帝国主义是最大敌人的国家，都对美元趋之若鹜。可以说，从 1945 年一直到现在，美元都是世界货币体系的绝对核心。

欧洲经济开始重建后，西欧各国为了得到更多美元，都大力提倡和鼓励向美国出口，为美国提供了大量真材实料的产品和服务。事实上，全世界除了美国以外的其他所有国家，为了增强自身的经济实力，为了得到更多的美元，都必须依赖于对美国的出口，这意味着美国只需要把纸印成美元打到世界上，就能换回想要换的东西。因此，美国对外贸易一直处于贸易逆差、世界其他大国几乎都处于贸易顺差的经贸地位，一直持续到今天。可以想象，只要拥有印钞用的纸张和油墨，美国就可以给世界其他国家提供不限量的美元纸币，想要多少有多少，这种世界货币体系的不平衡性对其他国家的影响是极其巨大的。

美元独霸的黄金时代

> 由于石油在国际市场上是以美元计价和结算的，因此有人把产油国的全部石油收入统称为石油美元。目前的石油美元估计有 8000 亿到 1 万亿美元，成为国际资本市场上一支令人瞩目的巨大力量。
>
> ——金融常识

1971 年 8 月 15 日，尼克松总统宣布关闭美国财政部的黄金兑换窗口，宣告了布雷顿森林体系的崩溃，全世界也由此进入纯信用纸币时代。

不过，虽然尼克松单方面废除了美国为世界其他各国按照 35 美元每盎司兑换黄金的义务，但美国仍然不想放弃美元的特权，所以在 1971 年 12 月其联合主要西方国家达成了一个新的国际货币制度协定，即史密森索尼安协定（Smithsonian Agreement），将美元相对黄金的比价稍稍下调了一点（下调为 38 美元 1 盎司），其他欧美各国货币则相对于美元略有升值。即使任何人拿到美元也不能再找美国财政部兑换到黄金了，但必须继续维持各国货币相对美元的固定汇率。

并非其他国家都甘愿受美元的主宰，西方国家只是迫于美国的强大才不得不同意这一协定，但世界人民对美元的信任度已经开始急剧下降。随后几年美国依然实行“廉价货币”政策和赤字财政政策，美元印钞机夜以继日，从不停息。相应地，美元价值也每况愈下，国际市场上的美元已泛滥成灾。而其他国家如果要绑定美元的固定汇率，就必须相应地印刷大量钞票来购买这些美元，从而导致相应国家国内通货膨胀急剧恶化，不利于经济的稳定发展。

在美元的强势之下，其他国家不甘心坐以待毙，诸如德国、日本、英国、法国等主要西方国家自1973年之后，不得不接连违反《史密森索尼安协定》，开始对美元实施浮动汇率制度。以日元为例，在布雷顿森林体系下，日元与美元的兑换比率为360，1973年日元升值到270左右，虽然在1974年到1977年日元出现过短暂升值，日元汇率一路升值到290左右，但到1980年前后，日元汇率再次回落到220左右。

对于纯信用纸币来说，汇率无非就是一个纸片互换比例的游戏，而美元真正的“升值”还是“贬值”，需要看的则是它相对于商品的价格变化，我们可以从历史上来考察，基本上就能明晰美元未来升值、贬值的大致轮廓了。

在尼克松关闭黄金兑换窗口几个月之后，1972年2月伦敦自由市场上的黄金价格就从35美元每盎司上涨到了75美元每盎司。国际上最重要的大宗商品——原油，其离岸价格也从之前的2.22美元每桶迅速上涨到2.89美元每桶。在布雷顿森林体系建立之初的1946年，原油的价格是1.05美元每桶。也就是说，从1945年到1971年的27年间，无论是相对于黄金这个使用了3000年的诚实货币，还是相对于石油这个国际上最重要的大宗商品，由于美国政府凭空印刷美元导致美元贬值了50%以上，从1972年到1980年，以美元计价的大宗商品价格变化，就像中国近些年的房价一样惊心动魄。

如果采用黄金价格的全年平均数值来衡量1美元的价值变化，1972年为1/58盎司，1973～1975年的数字分别为1/97盎司、1/154盎司和1/161盎司。由于美联储提高美元利率，收紧货币，1美元的价值在1976年短暂升值到1/125盎司，但很快在1977年又再度贬值到1/148盎司，1978年则是1/193盎司。从1979年下半年开始，以美元计价的黄金价格像是坐上了火箭，6月份黄金价格还在279美元每盎司，11月份已经变成430美元每盎司，到1980年1月份更是达到850美元每盎司的价位。而美元相对于黄金贬值的这一历史纪录保持了28年之久，一直到2008年初黄金价格才再度突破850美元/盎司。

如果用原油价格来衡量这一阶段的美元价值，美元则是一路狂贬。1971年，差不多12桶石油就可以换1盎司黄金，但是到了1973年，40桶原油才能换1盎司黄金。面对美元的快速贬值，石油输出国组织（欧佩克）不干了。1973年10月，爆发了第四次中东战争，美国却公开支持以色列，11个阿拉伯产油国一怒之下，将原油价格由3.01美元每桶直接提高到5.11美元每桶，并采取了限产和禁运措施，到1974年1月原油价格再度提高到11.65美元每桶。3个月的时间里，世界工业的血液——石油，暴涨了近4倍。

事实上，原油价格的上涨全是美元惹的祸。到了21世纪，众多解密文件资料表明，当时美国的几大银行（包括当时的摩根银行、雷曼兄弟投资银行、花旗银行、大通曼哈顿银行等）和英美主要的几个石油公司（包括英国石油公司、皇家荷兰壳牌公司、埃克森美孚公司、沙特阿等），在推动和深化1973~1974年的第一次石油危机、推动石油急速涨价方面“居功至伟”——由当时美国国务卿基辛格（Henry Alfred Kissinger）执行的这一政策叫作“穿梭外交”（Shuttle Diplomacy）。保存在胡佛研究所（The Hoover Institution on War，Revolution and Peace）的有关1973年5月彼尔德伯格会议的一系列文件也表明，石油价格到1974年初每桶上涨至原来的4倍，是1973年5月10日至13– 瑞典召开的彼尔德伯格会议（Bilder-berg Group）上的英美金融精英人物早就谋划好了的。

可笑的是，当时陷入“水门事件”（Watergate scandal）的尼克松还真是想最后“为美国人民服务”一次，就是降低石油的价格，可惜他派遣到财政部说服金融精英们的白宫官员却被狠批了一通。这位郁闷的白宫官员在备忘录里抱怨道：“是银行界的领袖们不愿意接受让石油降价的建议，而是主张使用‘再循环’计划来适应高油价……”

到1978年年底，世界第二大石油出口国伊朗政局发生剧烈变化，亲美的温和派国王巴列维（Pahlavi，Mohammad Reza Shah）下台，接着伊朗和伊拉克两个产油国又爆发了两伊战争，石油生产受到影响，世界石油供应量骤减，油价再度暴涨，从每桶13美元猛增至1980年的34美元。

黄金和石油价格的暴涨，从反面证明了美元的快速贬值，作为实质上的世界货币，美元的快速贬值动摇了整个世界的金融秩序，使整个西方陷入了经济发展停滞与通货膨胀并存的怪圈。

这一阶段美元相对于大宗商品剧烈贬值的根本原因在于，美国的金融精英们需要通过大宗商品价格的猛烈上涨来吸收已经超量印刷的美元，但民众收入却没有随之大幅度增加，所以经济发展不得不处于停滞状态。

不过，让所有人大跌眼镜的是，从1973年到1978年的5年间，在滞胀的环境下，面对急速贬值的美元，其他国家的货币如日元、法郎以及许多发展中国家货币（如印度卢比等）在汇率上却一直在不断升值。

早在 1945 年，世界最大产油国沙特的王室与美国政府之间“石油换安全”的基本关系模式就已经确立。在这种模式之下，石油只能以美元而不能以其他币种计价，而沙特等产油国得到美元之后，再存回美国的几个大银行购买美国国债，以至于其他国家很难从中东国家得到美元。相对应地，美国则以世界第一强国的角色保障沙特王室的统治，并保障其领土安全。

在 1974 年的石油危机中，基辛格的处理办法同样完美地体现了这一思路。1974 年 12 月，在基辛格的“大力斡旋”和“艰苦谈判”下，美国财政部与沙特阿拉伯货币局签署了一项协议，协议规定，沙特阿拉伯卖高价石油所得的大部分税收收益都通过纽约的联邦储备银行购买美国财政部的国债，也就是用来弥补美国政府的财政赤字。华尔街投资银行家直接担任沙特货币当局的首席“投资顾问”，指导沙特把自己的石油美元投资到“正确的银行”——毫无悬念的是，这些银行就是诸如花旗银行、摩根银行、大通曼哈顿银行等。

我们知道，石油被誉为“工业的血液”，是世界上任何一个国家工业化必不可少的资源，由于全世界的石油主要产自中东，而绝大多数国家的石油都需要进口，如果石油价格暴涨，就意味着美元需求量会大增。为了得到更多的美元，它们只能使自己的货币贬值，只有这样，它们辛辛苦苦生产出来的产品相对于美元才会显得更便宜一些，才能得到宝贵的美元，去交换它们急需的石油。

在 1973～1974 年油价暴涨 4 倍的过程中，另外一个毫不意外的结果也“顺便”产生了：那些发展中国家，如印度、巴基斯坦、菲律宾、泰国以及其他所有非洲和拉美国家在石油涨价的冲击下，即使原来有外贸盈余，现在也变成了严重负债——到1974年，这些发展中国家的财政赤字正好变成了1973年的4倍。

就这样，在布雷顿森林体系下的黄金美元成功地转化成了石油美元，而大多数发展中国家从此都被美元套上了债务的枷锁。

实际上，欧洲盟友们并没有得到多少好处，在不得不忍受滞胀的同时，他们在二战结束以后辛辛苦苦劳动20多年挣下的财富，很大一部分都通过中东石油这个中转站，流入了美国的少数几个大银行。对此，时任法国总统蓬皮杜（Georges Pompoidou）的话可谓击中要害，他拒绝响应美国要求整个西方国家支持以色列的态度，在中东他直截了当地对基辛格说：“你们只有10%的原油消费依靠阿拉伯人，而我们是全部依靠他们!”

为了应对1980年美元的快速贬值，被誉为“一个正直的人，一个天生的领袖”，同时又是“外表严厉、内心仁慈”的美联储当值主席保罗·沃尔克（Pual A. Volcker）声称要“打断通胀的脊梁”，以不可思议的方式提高美元利率，遏制美元的快速贬值。果然，沃尔克的“撒手锏”一使出来，商品市场迅速降温。到1982年，美国经济陷入深度衰退，所有行业投资急剧减少，消费陷入冰点，当时的汽车销售量甚至创20年的新低。

与此同时，全世界所谓的“美元热钱”都开始大量地回到美联储手中，美元供应量急剧减少，这样一来美元反而呈现出升值趋势。随着美元的走强，黄金、石油价格必然随之暴跌。到1980年下半年，金价就迅速跳水到517美元每盎司左右，到1982年甚至出现了低于300美元每盎司的情况。随后的整个20世纪80年代，黄金价格一直在300美元每盎司到

500 美元每盎司之间徘徊。石油的情况也好不到哪里去，中东离岸原油价格从 34 美元每桶的价位被腰斩，然后又被再度腰斩，到 1986 年 6 月份已经跌到 10 美元每桶以下。欧佩克不得不采取紧急限产措施，协议原油价格不能低于 18 美元每桶，但很快约定再度被打破，此后的连续 15 年，除个别年份外，油价长期徘徊在 10~15 美元。不管怎样，沃尔克的“休克”疗法治理美元贬值成功了——从此后美国 20 年经济繁荣的效果上看，此法确实是相当成功的。

当然，沃尔克的成功还有另外一层含义，那就是所有发展中国家尤其是亚非拉那些借有外债的国家，由于美元和英镑利息暴涨，全部陷入无底洞一般的债务深渊，最终不得不通过贱价出卖国家的战略资源来还债。据世界银行相关数据统计，发展中国家在 1980 年所欠外债总额不过为 4300 亿美元，但从 1980 年到 1986 年期间仅为这些债务支付的利息就高达 3260 亿美元，本金又偿付了 3320 亿美元。然而，令人不解的是，到了 1987 年，109 个债务国所欠债务总额更高达 13000 亿美元。当时的西方主要媒体还大肆宣传拉美及非洲穷国欠了英美的钱赖账不还，其实恰恰相反，“债务国偿付了好几遍欠债，他们正是以血和‘一磅鲜肉’来偿还给现代纽约和伦敦的夏洛克们的……他们的头上被顶着枪，在 lMF 的威逼下，签署了银行家们美其名曰‘债务解决方案’的协议，参与的都是著名的纽约花旗银行或大通银行”。

综观整个 20 世纪 80 年代，那种“仁慈善良的农民杨白劳借了狡诈奸猾的地主黄世仁的钱最后不得不用女儿还债的故事”一直都在国际社会上演着!

接下来的 20 世纪 90 年代，就像强盗不再抢劫转而改行做了绅士一样，在大肆洗劫了绝大多数发展中国家的财富之后，美国经济乘上了平稳较快发展的列车，基本上没有出现过严重的通货膨胀或通货紧缩。借用《格林童话》中一个小女孩在3只熊家吃饭所感受到的气氛来形容——“既不太冷，又不过热，一切只是刚刚好”，因此这一时期被誉为“金发女孩经济”（Goldilocks Economy）时期。

从1989年到1999年，美元价值基本保持稳定，相对于黄金和原油甚至还略有升值——1989年黄金价格全年平均值为381美元每盎司，而美国市场的石油价格则为18.33美元每桶；到了1999年，这两个数字分别变成279美元每盎司和16.56美元每桶。从2000年科技股泡沫破灭到2001年反恐战争开始，为了刺激濒临衰退的经济，美国政府和美联储又再度启用了大规模财政赤字的“法宝”，通过滥发美元来“促进消费，促进经济增长”，美元再次走进了漫漫熊市。

如果我们再一次利用黄金和石油价格来表示美元贬值的过程，其表现如下：2000年黄金的全年平均价格为279美元每盎司，2001~2008年这些数值分别为271、310、363、410、444、603、695、871；美国市场的原油价格在2000年全年平均是27.39美元每桶，2001~2008年这些数值分别为23、23、28、38、50、58、64、91。

特别是在2006年下半年到2008年上半年，美元贬值速度加快，原油和黄金价格急剧上涨——到2008年黄金价格迅速超过历史最高点850美元每盎司，达到1038美元每盎司的历史新高，而原油也在2008年7月份创下147美元每桶的历史纪录。

直到2008年9月份，金融危机爆发，由于美元受到过度追捧，黄金价格和原油价格不断走低，黄金价格最低时跌到709美元每盎司，下跌了

32%，而石油价格则又是腰斩之后再被腰斩，最低点达到 34 美元每桶。

然而，令人匪夷所思的是，到达低点之后不到 3 年的时间内，到 2011 年 9 月份，黄金价格再度出现反弹，暴涨到 1900 美元每盎司，石油价格更是剧烈上涨至 81 美元每桶，从价格低点到目前来看，上涨幅度分别达到诡异的 167%和 135%。

从 1971 年到 2011 年，如果采用黄金衡量美元的波动幅度，美元的贬值幅度是 97.9%；如果采用石油来衡量，美元的贬值幅度是 97.6%。如果计算通货膨胀，假定 1971 年的物价水平为 100，那么现在的物价水平应该在 4167（石油）~4761（黄金）之间。由此可以看出，在 40 年的时间里，美元计价体系下商品平均价格上涨了 40 倍以上。

美元出现大幅度的贬值，然而根据国际货币基金组织（IMF）连续多年的报告，自 1995 年以来，美元在全球货币储备中的比重始终保持在 60%左右。人们应该很奇怪美元为何还拥有如此威风的地位?

其实，从 1971 年以来，除了瑞士法郎、德国马克（欧元）和日元之外，与世界上其他所有纸币相比，美元依然是贬值最少的纸币，因为在世界范围内，纸币都不同程度地出现了贬值，如果我们把时间段进一步放长到 70 年、100 年、200 年，美元无疑是世界上纸币价值保持得最好的。

纸币的信用危机

尽管美元依然是当今世界上最常用的纸币，但从历史上所有的例子来看，纯信用纸币永远都逃脱不了它本身的宿命，美元同样如此——2008 年爆发的国际金融危机便是一个最好的警告。

——金融常识

在接下来的内容之前，我们不妨先来听听 2009 年底美联储主席伯南克在美国国会的听证实录：

议员："谁拿到了钱？"

伯南克："欧洲或其他国家的金融机构。"

议员："具体是哪个？"

伯南克："我不知道。"

议员："你给了数万亿美元，却不知道给了谁？"

伯南克："钱给了国外央行，他们再向本国机构注资，目的是为了压低世界市场急剧上升的短期利率。"

议员："那好，我们再来看看有关美元名义汇率的问题。美元名义汇率当时上涨了20%，而这与你向外国人提供数万亿美元资金恰好发生在同一时间。你认为这是巧合吗?”

伯南克：“是的。”

议员：“我听说你将物价作为通胀指标，认为单纯地印钞票不会引起通货膨胀，对这种说法我很好奇。那么请问，你认为什么会引起通货膨胀?”

伯南克：“让我们把这个问题好好解释一下。美联储并没有直接印钞票，然后把这些钱撒向整个经济体。我们只是为银行提供了新的准备金，这些钱躺在美联储为成员银行开的账户里，并没有被使用，也没有追逐任何商品。所以，只要那些钱还躺在那里，标识流通的广义货币并不会……”

议员：“但那些钱并不会永远躺在那里，我们的目的也不是让那些钱永远躺在那里。或许这只是因为一些延迟……”

实际上，虽然美元一时升值，一时贬值，但不管怎样，它始终还是国际货币体系的核心。不过自2008年金融危机以来，美元的大幅度，甚至是自美元产生以来最猛烈、最快速的贬值将在5～10年之内出现。

就连美国广播公司CNBC评论员都在2008年金融危机之后在电视讲话中说道：“美国官员也意识到存在这种可能性，即美元忽然出现无序下跌，他们将其描述为‘无视基本面的疯狂抛售’。官员手中一定有份‘应急计划’，提前想好到时候该说什么或做什么。目前他们拒绝透露这份‘应急计划’的内容，因为混乱的状况还未出现，他们只是做一些准备。就像防止一个国家突然入侵，虽然这不太可能会发生，但毫无准备显然是愚蠢的。”

就像1971年尼克松总统突然宣布关闭黄金兑换窗口一样，美国自然有解决办法，可美国固然只是从自身的利益出发，而其他持有美元储备的国家特别是发展中国家又该如何解决这样的难题呢？

彼得·希夫（Peter D. Schiff）曾经在《美元大崩溃》一书中这样说道："我们正处在金融体系全面崩溃的边缘，现在所经历的只不过是一个序曲，真正的灾难才刚刚开始。"实际上，彼得·希夫早在2006年8月CNBC的一次电视辩论中，就令人吃惊地准确预言了2007年的房市崩盘和经济危机，而和他辩论的另一个经济学家阿瑟·拉弗（Art Laffer）后来却拒不认输，并辩称他当时有关"经济依旧欣欣向荣，房价仍将上涨"的预测"时限是9个月"……

美国得克萨斯州的一位共和党国会议员让·保罗（Ron Paul）也曾说过，"美元最终会退出流通，届时所有人都将知道自己的资产究竟价值几何!"我估计，有95%以上的人可能会摇头说"不知道这个人"。实际上，让·保罗是和奥巴马（Barack Hussein Obama）、希拉里（Hillary Diane Rodham Clinton）、麦凯恩（John McCain）一起参加2008年美国总统大选的竞选者之一，后来希拉里放弃竞选给奥巴马让路，保罗也放弃竞选给麦凯恩让路。

让人感到奇怪的是，与彼得·希夫一样，恰恰是这些风云一时的人物，反而在有意无意之间被西方的主流媒体给"消音"了。

让·保罗本来是一个妇产科医生，1971年布雷顿森林体系的垮台促使他转入政坛，因为他不能容忍美元的蜕变。他说："听到这个消息（美元与黄金脱钩），我惊呆了，从那天起，金钱已经失去了真正的价值，只剩下政治意义了。"

经过2008年这场席卷全球的金融危机，美元的问题再次暴露无遗。美联储对华尔街大银行的偏袒反而激起了更大的民怨。正是在这样的情况下，让·保罗决定参加2008年总统竞选，希望寻求真正的改变。虽然最终放弃了，但他却在网络上赢得了更为广泛的民意，支持率极高，因此被称为“网络总统”。

2009年，让·保罗和他的民主党盟友艾伦·格里森一起发起了一项审计美联储的提案，并在10月份获得美国众议院的通过。

用让·保罗自己的话来总结美元的未来：“这不是什么新鲜事，历史上很早以前就出现过。古代君王无一不想控制货币，他们的手段五花八门，例如切割、稀释金属币、印刷纸币……而到了今天，造假手段更加先进了，一切都可以在计算机上神不知鬼不觉地做。这就是为什么现在比以往更加危险的原因。”

其实早在1911年，被誉为美国有史以来最伟大的经济学家欧文·费雪（Irvjng Fisher）就曾经说过：“不能兑现黄金的纸币对于使用它的国家来说，始终是一种灾难。”然而不幸的是，时至今日，这一灾难一直在国际社会中上演着。一战结束后的德国马克、二战结束后的匈牙利潘戈、20年前的阿根廷比索和墨西哥比索、4年前的津巴布韦币……10到20年之内，或许当前的世界第一货币——美元也会陷入一样的境地。

当有“新末日博士”之称的鲁比尼（Nouriel Roubini）在2009年11月指责伯南克领导下的美联储采用零利率政策助长资产泡沫的时候，另外一位“末日博士”麦嘉华（Marc Faber）干脆直接说：“10年或12年之内，美元将变成墙纸!”

而在美国国内，美元的通货膨胀其实已经开始了。如在NIA（美国国家通胀联盟）的视频里，有人列举了当前美国的物价状况：“用1美元你能买到什么？1包饼干1包薯条或者1瓶果汁，1美元能买到这些东西已经很不错了……两年之前，1 瓶果汁只要 35 美分，可是现在就要卖到 69 美分，已经翻倍了；青椰子在 4 个月前是 19 美元，可现在已经涨到 69 美元了，平均每个月上涨 40%～50%。这已经是恶性通胀了！然而因为这些东西的价格很低，人们并没有意识到这一变化。”

要知道，在世界 5000 年的贸易史上，一直到第二次世界大战结束之前，没有谁会把纸存起来当财富，哪怕它是世界上最强大国家的纸币。例如在中国的宋代、元代、明代，尽管那个时候中国的经济总量差不多占了整个世界的一半，是当时世界上最为强大和富裕的国家，而且中国那时候也使用纸币，但世界其他国家的人来中国做贸易，没有任何一个人或国家会把一堆中国的纸币带回家当作财富来储存，他们要的是金银，或者是铜钱，如果不是金属货币，至少也得是中国的瓷器、香料、丝绸等实实在在的实物商品。

两次世界大战后，美元为何可以成为世界货币？可以成为一种财富被全世界接受并储存起来？并不是因为美国拥有多少最终贬得一文不值的德国马克、法国法郎、俄国卢布或者贬值了一大部分的英国英镑，而是因为美国拥有占全世界 75%的黄金储备。

如果是在布雷顿森林体系崩溃之前拿到美元，你至少还可以到美国财政部的窗口按照 35 美元每盎司去兑换黄金，而现在，你能找到美国政府给你兑换什么呢？想想中国手头现有的美元，在美元猛烈贬值的情况下，能买到什么样的实物商品？而这才是真正的财富。至于纸上财富，在变为现实的财富之前，它都只不过是数字而已，最多也只是一堆废纸。

正因为当前世界主要的大宗商品都是以美元来计价的，所以无论是中国、欧洲、日本、中东还是其他任何卷入“全球化”浪潮之中而使用美元的国家和地区，都已经被美元绑在了一条船上，无路可退。美元的贬值已成必然，而这一轮金融危机真正结束之时，也一定是全球的货币体系重构之时，并无其他办法。

在 2010 年 1 月的达沃斯论坛上，金融大鳄乔治·索罗斯（George Soros）声称现在黄金价格是终极泡沫，而他旗下的索罗斯基金管理公司（Soros Fund Management LLC）却在上一年第四季度将其所持全球最大黄金 ETF—SPDRGoldTrust 的份额翻了 1 倍以上，成为该公司最大的一笔单体投资。或许，索罗斯所谓的“终极泡沫”就是指在世界货币体系重构之前，只有黄金才是真正的终极资产。而根据美国证券交易委员会（SEC）2010 年 2 月 5 日公布的文件显示，中国政府成立的从事外汇资金投资管理业务的中国投资有限责任公司（简称“中投”），也刚刚以 1.556 亿美元的价格收购了 ETF—SPDR Gold Trust 的 145 万股股份。可以肯定的是，美元正在恢复它的本来面目——纸片片。

美国人怎样争夺离岸银行业务

人民币 FDI 政策的放开，将快速推进人民币债券和贷款产品的增长，第三方使用人民币的规模会显著上升，人民币贸易信贷将稳步增长。在以上 3 个驱动力的作用下，在港人民币资产规模能从 2010 年底的 700 亿元左右增长到 2012 年的 7000 亿元左右；2012 年至 2015 年，其规模会再有几倍的增长。

——马骏（德意志银行大中华区首席经济学家）

在国际金融市场上，货币离岸经营已成为一种普遍现象，但是对于广大的普通读者来说，这个概念可能还比较陌生。其实，不论是在国际贸易中还是世界货币大战中，货币离岸经营都发挥着重要作用。下面我们将主要探讨一下美国是怎样争夺美元离岸市场的。

所谓离岸货币，是指存放在国外并且进行交易，不受货币发行国金融法令管制的货币。需要指出的是，这仅仅是指银行存款，而不包括现金。例如，英国某银行吸收的美元存款就叫离岸美元，新加坡某银行吸收的英镑存款就叫离岸英镑，中国某银行吸收的港币存款就叫离岸港元。简单来说就是离岸经营的货币称为离岸货币，相应地，没有离岸的传统货币经营则叫在岸货币。前者的金融市场称为离岸金融中心，后者的金融市场则称为在岸金融中心。

所谓离岸金融市场，就是指所在国银行向该国的非居民提供存款、贷款、发行债券、票据融资等金融服务形成的市场。这里，应该特别注意的是“非居民”这个词，由于离岸金融市场的服务对象是非居民，所以它可以不受所在国金融法规的管辖和外汇管制的约束。

离岸货币最早出现在欧洲，所以也叫欧洲货币。当时是在第二次世界大战后，美国为了推动本国的金融业向海外扩张，逐步在美国境外的其他国家（最早主要是在欧洲）吸存、贷放美元（即欧洲美元）。到 20 世纪 60 年代，随着欧洲国家的经济复兴，欧洲又在欧洲美元的基础上进行扩展，发展出欧洲英镑、欧洲马克、欧洲法郎等离岸金融市场，统称为欧洲货币市场。随后，离岸货币进一步扩展到亚洲、拉丁美洲、中东等地，形成了一个个离岸金融中心。

离岸金融市场的发展并没有完全如美国人所愿，甚至对美国产生了一定的消极影响。虽然它为美国的跨国银行提供了重要的国际舞台，但客观上也削弱了美国对银行国际业务的监督和管理，削弱了美国金融市场的国际地位。而且，由于欧洲美元和美国国内的美元之间转换非常方便，所以欧洲美元市场的动荡也会直接影响到美国国内的金融市场。更不用说，随着欧洲美元市场规模的不断扩大，国际游资一次次猛烈冲击美国金融市场，美国甚至感到有些胆战心惊，所以迫切希望对离岸银行和离岸美元市场进行整顿和加强管理。

为实现这个目标，在 1974 年十国集团中央银行倡议达成的巴塞尔协议中，美国和其他30个国家同意对其离岸银行履行最后贷款人的职责，并且于1980年决定，各国领土内的商业银行总行要把其在全球范围内的账户合并起来计算资本充足率，以便各国能够统一监管离岸和在岸业务。减少欧洲美元市场的不稳定性，也就减缓了对美国金融市场的冲击。

在此基础上，美国政府还集中注意力，开始筹划如何在自己的监管范围内进一步吸引离岸银行业务，以便于更好地争夺这一巨大市场。为此，它推出了IBFS资产负债账户，创建了美国境内的“离岸”美元市场。

其实，早在20世纪60、70年代，美国金融界就已经发现，在美国境外离岸金融中心从事国际金融业务更有利可图。究其原因在于，这些地方的税收低、管制少，并且具有各种各样的优惠条件，调动资金也非常便利。所以，美国的跨国银行开始纷纷到伦敦、巴黎、法兰克福、新加坡、中国香港、巴哈马、巴拿马等离岸金融市场开设分支机构。可是这样一来，却引发了美国资金的大量外流，直接动摇了纽约的国际金融中心地位，美国国内每年至少要减少40亿美元的税收收入。为了解决这个问题，美国政府在1979年建议其他国家政府也通过各自中央银行对欧洲美元存款实行法定准备金制度，并且把部分欧洲美元集中到各自的中央银行去，目的就是为了缩减欧洲美元规模，从而减少欧洲美元对美国美元的一次次冲击。

即便如此，美国仍不放心，又提出要建立一个全球性国际金融机构，通过公开市场活动来干预欧洲美元市场等一系列建议。

但是，美国的这些建议最终并没有变成现实，原因在于：首先，上述建议必须得到各国相互配合与合作才能实施，而每个国家都有自身的利益，都必须以自身利益作为出发点，对上述建议并不感兴趣，所以无法统一行动；其次，欧洲美元市场规模已经非常庞大，要进行有效管理已经十分困难；最后，欧洲美元业务的既得利益者以种种方式抗拒合作，阻挠这种市场监管。

也正是在这种长期角逐未果的背景下，为了在美国境内开设“离岸”金融市场，美国的银行不必通过境外离岸金融中心，就可以在国内享受到与境外离岸金融中心相同的待遇，从而大大降低美国银行开展国际业务的成本，有助于欧洲的大量货币回归到美国境内，也便于美国金融管理当局加强监管和控制。所以，美国联邦储备委员会于 1981 年 12 月 3 日批准建立了 IBFS 资产负债账户，在美国本土从事“离岸”美元业务。

具体而言，IBFS 的主要用途是专门处理非居民之间的存贷款业务。美国境内的美国银行和外国银行都可以吸收外币和美元存款，并且不受当时实行的法定准备金和利率上限的约束，也不需要在美国联邦存款公司投保，还可以在美国任何一个州开展业务，并享受某些州的税收优惠待遇。再加上它们吸收的外币和美元存款对象包括外国居民、外国银行和公司、美国在国外的银行和公司，并且所吸收的存款还可以贷给外国居民、外国企业以及美国在国外的附属机构（但必须用于美国境外），只是要求每一笔存取款金额都必须在 10 万美元以上。

由此看来，IBFS 的业务覆盖范围非常广泛。对于美国政府来说，它的最大特点就是存放在纽约 IBFS 账户上的美元视同于境外美元，与美国国内美元账户是严格区分管理的。

IBFS 的最大受益者是广大中小型银行，它们原来不方便到境外的离岸金融中心去建立分支机构，因为这需要庞大的资金投入，但现在不需要了，它们在美国本土就能就近参与国际银行业务的竞争，这从整体上大大提高了美国银行在国际银行业中的竞争力，带动了美国银行业和相关服务行业的发展，顺便也让美国政府在吸引外国银行设立分支机构中取得额外财政收入。

由于 IBFS 资产负债账户上总资产的 80％在纽约，这样就保证了纽约金融中心在国际金融市场中的地位，也大大提高了美国金融市场的国际化程度。更令人叫绝的是，这样做还不会影响美国原有的那套货币体系的正常运作，互不干扰。

实践表明，IBFS 资产负债账户在建立后的 1 年里，就有 400 多家美国银行和在美国的外国银行建立了这类部门，资产总额高达 1500 多亿美元。1995 年，这一数据已经上升到 4500 多亿美元，其中在美国的外国银行 IBFS 资产负债账户上的资产就有 3000 多亿美元。

尽管美国在本土开设“离岸”金融市场取得了很好的效果，但也有一些问题没有得到很好的解决。例如，离岸金融市场的借款人背景比较复杂，贷款数额巨大，从而埋下了贷款隐患；离岸账户和在岸账户之间很容易发生资金转移，这为黑社会洗钱提供了方便；银行结算电子化技术的发展、各国金融市场越来越开放，也在一定程度上削弱了 IBFS 资产负债账户的作用。

目前，人民币还不属于完全可兑换货币，所以从法律上看还不能行使世界货币职能，人民币的海外离岸市场也无法形成。但是，我国国内的金融机构已经可以吸收外币存款并且发放外币贷款，有关离岸美元也已经开始试点了。例如，2006 年 4 月下旬，经国家外汇管理局上海分局批准，东方希望集团就成功地在交通银行开设了一个离岸美元账户，这是离岸金融业务首次对中资跨国企业开放。同时，上海证券交易所、深圳证券交易所也能用美元和港币计价交易了。此外，国内可以经营外汇业务的银行也能为客户提供不涉及人民币的外汇兑换业务（俗称“外汇宝”）。可以说，中国境内已经初步具备了建立海外离岸市场的条件。

第十四章

环环相扣的金融“大家庭”——一张图读懂中国金融

金融是一张无形的大网，它连接着政府、企业、个人等各个机构和自然人。在市场经济体制下，这些角色各有各的职责，相互连接、相互包容、缺一不可，让我们的金融市场健康有序地发展。

政府：平衡市场的“调节器”

政府可分为中央政府和地方政府，它是国家公共行政权力的象征、承载体和实际行为体，它依法对国家和社会公共事务进行管理。

——金融常识

政府与企业、组织的关系

在计划经济体制下，企业隶属于政府部门，政府各个部门可以干预企业，甚至可以说代替了市场的功能。

而在市场经济体制下，政府可以采取经济手段、法律手段和必要的行政手段来管理国民经济，但是不能直接干预企业的生产经营活动。也就是说，市场经济体制下，政企要分开，政府需要转变职能。政府的经济管理职能主要表现在：制定和执行宏观调控政策，搞好基础设施建设以及创造最优的经济发展环境，让一些不应该由政府行使的职能逐步转给企业、市场和社会中介组织，这样可以为企业创造一个公平的竞争环境，让企业的行为符合社会的需求。

对于我国来说，政府职能的转变首先要改变政府的管理权限。以往政府和企业的关系有点像父子关系，政府高度集权，直接掌管了企业的所有权和经营权，企业基本上是政府的附属物，也因为这个原因，企业结构臃肿、办事效率低下，甚至形成了官僚主义。所以政府职能的转变首先需要放开权限，要成为“有限政府”，而不再是“无限政府”。政府应该将经营权交还给企业，所有权和经营权应该分离，让企业可以自主经营，这样它在市场竞争中才能够生存和发展。

其次，政府的管理方式也应该改变。以往政府采用的是较为单一的行政管理方式，现在应该以经济、法律和行政等手段结合起来的综合管理方式来进行管理，将之前的直接管理转变为间接管理。

在市场经济体制下，政府更应该以宏观调控为主。

首先就是政策调控，全世界很多国家都采用政策来调控企业，政策调控需要借助一定的载体实现政府政策，比如中央银行、行政部门、国有银行以及可投放的巨额资本等都属此列。只不过需要注意的是，采取这种方式需要注意政策的连贯性和一致性，如果使用不当很有可能影响到政府决策的权威性。

其次要信息公开。市场经济体制下，政府和企业有着相同的目标，但是它们的地位和角色并不相同。现今社会信息是一个重要资源，不管是对维护市场秩序还是对促进经济发展都有积极的影响，因此政府要给企业提供足够的信息，而且这些信息应该公开、全面和准确。

最后要行业协调。在市场经济体制下，如果各个企业都从自身利益出发，很有可能作出一些对社会资源配置没有好处的行为，因此应当通过行业协会来协调企业的行为，如在研究与开发过程中的合作、生产资源的配置、市场的协调和国际市场的联合开发等等。

政府在金融市场上的身份

政府部门是一个国家在金融市场中最主要的资金需求者。无论是货币市场还是资本市场，其都是发行主体。但在国际金融市场上，政府的这种资金需求者身份有了很大的改变。

政府不仅是金融市场上最大的资金需求者，还是其中交易的主体，甚至还是最主要的监管者和调节者，所以政府在金融市场上的身份非常重要。

而政府对金融市场的监管主要是通过授权给监管机构，以及向金融市场施加一定的影响，甚至在非常的时期采取非常的措施来实现的。

政府与个人的关系

政府与个人的关系，在很大程度上体现为税收的征纳关系。税的本质是社会中的人们为了维护正常的分工以及合作必须向政府支付的费用，其是人们生活中非常重要的一部分，影响着人们的收入，也是经济关系中最为重要的一环。由于体制不同，税的付费程度不同，因而其来路、去向以及对不同社会群体的作用也有所不同。

在一个经济体系下，对于普通人来说，如果想要提高自己的收入或改善生活，需要注意以下几点：首先，市场能够提供更多、更便宜的商品；其次，企业可以以更高的薪资来雇用人才；第三，在工资收入中，可以支配的数额计占比例比较大；最后，有更多以及更好的创业和发展机会。

而上述 4 点，与政府的征税都有多多少少的关系。政府征收的税越多，百姓的收入则越低，这是一个非常浅显的道理。

下面，让我们来仔细考查一下政府和纳税人之间的关系。

首先，政府和纳税人关系的一般原理。

税收和纳税人的产生和发展历史以及当今世界各国税收、税法的实施情况表明，税收的征纳关系历来都是政府或者说国家与纳税人的关系，这种关系并不仅仅局限于税务机关与国会、议会以及别的什么组织之间。在税收征纳关系中，政府或者国家具有主体性，所以政府或者国家对征税具有排他性和垄断性。

当然，因为各国的历史条件和体制不同，所以政府和纳税人之间的关系也不尽相同。我们国家是社会主义国家，也是社会主义经济体制，是一个人民民主国家，所以我们国家政府和纳税人之间的关系在根本上是一致的，政府或者国家能够从根本上代表广大纳税人的利益，纳税人也可以参政、议政。不过再怎么说，政府或者国家和纳税人之间还是存在矛盾的，政府或者国家时刻要注意以下几点：在经济上如何做到税收的“合理负担”，在政治法律上如何维护纳税人的“合法权益”，在征纳关系上如何体现“文明征纳”。

其次，政府与纳税人之间存在三层关系。

第一层，政府与纳税人之间的经济关系。其实就是税收分配关系，也就是说，以政府或者国家为主体的一方当事人同以法人、自然人和其他组织为主体的另一方当事人，对社会总产品和国民收入进行分配与再分配的经济利益关系；而这种分配关系则会通过各个税种的设置，于生产环节、流转环节、分配环节和消费环节中进行。这种关系其实是国家的税收利益和单位、个人的财产利益的关系。

第二层，政府与纳税人之间的法律关系。政府机关和纳税人在法律面前都是平等的，但是政府或者国家为了公共的利益需要征税，这种权力是公权力；自然人、法人以及其他组织需要向政府或者国家交税，这种权力是私权力，私权力接受公权力的干预。而一旦私权力和公权力发生冲突时，一般情况下私权力都需要服从于公权力。当然在法律的规定下，公权力不能任意干涉私权力。在税收法律中，权利和义务的关系是核心，既相互为前提，同时又可以相互转化。权利可以选择放弃或者不放弃，而义务一定要履行。权利和义务虽然能够相称，但是无法对等和对称。而我们始终要注意的是，保护纳税人的合法权益一定要放在非常重要的位置。

第三层，政府与纳税人之间的人文关系。也就是说，征纳关系可以通过更为先进的思想和道德来规范。

政府和纳税人之间的人文关系主要包括：政府或国家的征税需要从“以人为本”的理念出发，万万不能因为征收税赋而影响到纳税人的正常生活甚至是生存条件，不能因为政府的征税行为而限制纳税人的自由发展，纳税应该以达到国泰民安为前提，尤其是要以国富民强为目的。政府或者国家在征税过程中要做到文明、礼貌。政府或者国家对纳税人的贡献一定要承认，并且非常重视，自然纳税人也要诚信纳税。

人民银行：中国金融的“心脏”所在

人民银行是国家行政单位，它有三大职能：制定和执行货币政策，维护金融稳定，提供金融服务。

——金融常识

何为人民银行

中华人民共和国的中央银行是中国人民银行，简称央行或者人行，其于 1948 年 12 月 1 日成立于石家庄。根据《中华人民共和国中国人民银行法》的规定，中国人民银行在国务院的领导下依照法律独立制定和执行货币政策、履行职责、开展业务，并且不受地方政府、各级政府部门、社会团体和个人的干涉。中国人民银行的总部现在设立于北京和上海两地，其中上海的总部设立于 2005 年 8 月 10 日。

中国人民银行的法律地位主要是通过中央银行与国家权力机关的关系、中央银行与政府及其部门的关系、中央银行与普通银行的关系这三种关系中体现出来的。

《中国人民银行法》中明确规定了我国中央银行的性质以及法律地位。

第一，中国人民银行是中华人民共和国的中央银行。中国人民银行在国务院的领导下，制定和实施货币政策，防范和化解金融风险，维护金融稳定。

第二，中国人民银行需要向全国人民代表大会常务委员会提出关于货币政策和金融监管情况的工作报告。

第三，中国人民银行关于货币供应量、利率、汇率和国务院规定的其他重要事项作出的决定，需要报国务院批准之后方可执行；中国人民银行就其他有关货币政策事项作出决定后，即予执行，并报国务院备案。

第四，中国人民银行在国务院的领导下依法独立执行货币政策、履行职责、开展业务，其不受到来自地方政府、各级政府部门、社会团体包括一些个人的干涉，具有一定的独立性。

第五，中国人民银行实行行长负责制。行长的人选应该根据国务院总理的提名，然后由全国人民代表大会来决定；而全国人民代表大会闭会期间，由全国人民代表大会常务委员会决定，由中华人民共和国主席任免；副行长则由国务院总理任免。

第六，中国人民银行实行独立的财务预算管理制度，但前提是执行法律、行政法规和国家统一的财务会计制度，并且要接受国务院审计机关和财政部门依法分别进行的审计和监督。

人民银行与商业银行之间的关系

中国人民银行和商业银行之间的关系就是监管和服务的关系。

中国人民银行需要做到以下几点：

第一，中国人民银行要依法制定和执行货币政策，组织并指导商业银行实施宏观信贷政策。

第二，中国人民银行要不断完善宏观调控体系，不断督促商业银行完善运行规则，并且要监督商业银行防范和化解系统性的金融风险，从而维护国家金融的稳定和安全。

第三，中国人民银行要制定和实施人民币汇率政策，实施外汇管理并为商业银行提供服务。

第四，中国人民银行监督管理银行间同业拆借市场、银行间债券市场、银行间票据市场、银行间外汇市场和黄金市场及上述市场的有关衍生产品交易，并且提供一些必要的服务。

第五，中国人民银行要承担最后贷款人的职责，对因化解金融风险需要提供再贷款服务。

第六，中国人民银行需要发行人民币，并且管理人民币的流通，还需为商业银行提供一定的准备金存款服务。

第七，中国人民银行要管理征信业，积极推动建立社会信用体系，对商业银行提供信息平台和信息查询业务。

人民银行与金融市场的关系

中国人民银行根据以下三种政策性工具对经济进行调控：再贴现政策、存款准备金政策、公开市场操作。

中央银行拥有的最早的货币政策工具便是再贴现政策，而其也是大部分国家采用的控制信用的货币政策。所谓再贴现，就是商业银行或者一些金融机构将贴现所获得的未到期票据转让给中央银行。对于中央银行来说，再贴现实际上就是买进商业银行所持有的票据，流出现实货币，扩大货币供应量。而对商业银行来说，再贴现则是让出已贴现的票据，从而解决资金短缺问题。而再贴现过程实际上就是中央银行和商业银行之间票据买卖和资金过渡的过程。

存款准备金政策最初是为了保证商业银行的支付和清算，后在不断的演变中成为中央银行调控货币供应量的政策工具。而存款准备金其实就是金融机构为了保证客户提取的存款和资金清算需要而准备的在中央银行的存款。

中国人民银行之所以公开市场操作，就是为了调控货币供应量。我们就买卖国债来看，当央行购买国债时，卖主不是商业银行就是社会公众。假如卖主是商业银行，那么商业银行的钱就会迅速增加；而卖主如果是社会公众，那么公众将会把这些得到的资本重新存入银行，商业银行再拿这些钱去放贷，经过存款创造机制，而这些方式都会扩张货币供应量。反过来说，如果中国人民银行卖出国债，商业银行和社会公众的现金就会相对减少，货币供应量则会随之成倍减少。

商业银行：资金融通的媒介

商业银行是以经营工商业存、放款为主要业务，并以获取利润为目的的货币经营企业。

——金融常识

商业银行与人民银行的关系

商业银行和中国人民银行的关系主要体现在以下几个方面：

第一，商业银行要向中国人民银行交纳一定的存款准备金。根据《中国人民银行法》规定，所有的金融机构，其中包括商业银行，需要按照规定的比例交纳一定的存款准备金。

第二，中国人民银行要向商业银行提供贷款。当商业银行的资金周转困难时，中国人民银行作为中央银行就需要向商业银行提供一定的贷款。

第三，中国人民银行要为商业银行办理转账结算业务。商业银行是中国人民银行的存款客户，它在与其他商业银行以及其他金融机构或非金融机构发生债权和债务关系时，可以借助中国人民银行来办理转账结算。

第四，中国人民银行对商业银行实行金融管理。中国人民银行是国家管理金融的机关，需要对国家金融的稳定负责，其要代表国家制定有关金融管理方面的政策和制度，并且要将此作为准则，管理和监督商业银行和其他金融机构。

商业银行与企业、组织的关系

实行社会主义市场经济后，银行和企业都是相对独立和对等的市场主体。企业是自主经营、自我约束、自负盈亏、自担风险的经济主体和独立的法人；银行则是以安全性、流动性、效益性为经营原则，追求最大利润的金融企业。两者之间是利益共享、风险共担、相互依存、共同发展的伙伴关系。

商业银行和企业首先是利益共享。在社会主义市场经济体制下，企业的主要目的是追逐最高利润，商业银行的目标也是利润最大化。而银行的利润实际上是企业利润的再分配，也就是说，企业的利益和商业银行的利益紧紧联系在一起。银行向企业不断提供支持的同时，也在无形中壮大着自己，所以二者之间具有利益共享的关系。

商业银行和企业其次是风险共担。虽然市场的竞争下，企业和商业银行各自承担着自己的风险，但是承担风险并不单纯是某一方的事情，不管是经营资金还是使用资金都是为了获得利润，它们可以共享利益，自然就能共同承担风险。

商业银行和企业再次要相互依存。企业的负债很大部分都来自于银行的贷款，基本上占到了80%，这个数字也说明了企业和商业银行紧紧捆绑在一起，一头是银行的资产，一头是企业的负债，两者已经无法分开，它们是相互依存的关系。

商业银行和企业最后要共同发展。银行和企业之间的往来通过“货币”来实现，其也奠定了两者共同发展的基础。当企业需要一定的资金来发展生产经营时，银行就可以通过贷款的方式支持企业发展生产经营，企业则通过销货款回笼支持银行经营实力的增强，两者之间通过资金形式的转变支持了对方，促使了双方共同的发展。

融通资金的市场

金融市场是资金融通市场，是指资金供应者和资金需求者双方通过信用工具进行交易而融通资金的市场，广而言之，是实现货币借贷和资金融通，办理各种票据和有价证券交易活动的市场。

——北大金融课笔记

金融机构在金融市场中的地位

如今是一个经济全球化和货币自由化的时代，这个时代的带来，催生了全球交易的虚拟金融市场，也带动了实体经济的高速增长。在这种时代背景下，一个国家的货币在全世界流通和交换中必然打破货币的国界，越来越多的货币进入虚拟金融市场，就会催生出全球化货币交易市场。在这个过程中，金融机构扮演着越来越重要的角色。那么，金融机构到底具有怎样的特殊作用呢？

首先，在金融市场中，金融机构是最为重要的中介机构，其作为储蓄转化为投资的导向者和传递者出现。储蓄者手中的资金转到投资者手中一般采取间接融资方式，这种方式有无可比拟的优越性，关于此在本书的其他章节中已经介绍过，这里不再赘述。

其次，在金融市场中，金融机构还作为资金的供给者和需求者出现。金融机构筹措资金的目的就是为了供应给市场，当然这个过程中也会出现一些自营特征的投资活动，这就使得金融市场需要以资金需求者的面目直接发行证券。在较为发达的金融市场中，金融机构会传递出对其的压力。总之，金融机构在金融市场中具有非常特殊的作用和地位，而其在一个国家的金融体系中同样具有关键作用。

金融市场与证券、投资公司

所谓证券公司实际上就是专门从事有价证券买卖的法人企业，其分为证券经营公司和证券登记公司，一般情况下说的证券公司指的就是证券经营公司，是经主管机关批准并且到工商行政管理局领取营业执照之后专门经营证券业务的机构。在不同的国家，证券公司的称呼各有不同：美国的证券公司被称为投资银行或者证券经纪商，英国称之为商人银行，欧洲的其他一些国家的投资银行则是全能银行的一个部门，以日本为代表的一些东亚公司才称之为证券公司。

投资公司则是汇集众多资金并依据投资目标进行合理组合的一种企业组织。广义上，投资公司包括了信托投资公司、财务公司、投资银行、基金公司、商业银行和保险公司的投资部门等金融机构，还包括了涉足产权投资和证券投资的各类企业，其业务主要包括购买企业的股票和债券、参加企业的创建和经营活动、提升中长期贷款、经营本国及外国政府债券和基金管理等。其资金的主要来源是发行自己的债券、股票和基金单位，从一些银行中取得贷款，接受委托存款等等。而狭义的投资公司专指公司型投资基金的主体，是依法组成的以赢利为目的的股份有限公司，投资者通过购买股份成为公司的股东，并通过股东大会选定某家投资管理公司来对公司的资产进行管理。

而在金融市场中，投资机构主要是买卖一些公司证券，并且购买一定量的金边债券，活动的范围还是在资本市场。随着投资机构交易数量的变大，金融市场的影响力也随之增大。

投资机构起初从私人手中购买证券，主要是公司的债券和股票，后经过一段时间的不断积累，投资机构在金融市场的地位变得越来越重要。

金融市场与企业、组织的关系

金融市场就是资金市场，主要包括货币市场和资本市场。金融市场的构成非常复杂，其是由很多个不同市场组成的庞大体系。不过根据金融市场上交易工具的期限，金融市场可以分为货币市场和资本市场两大类。货币市场是融通短期资金的市场，资本市场则是融通 1 年以上长期资金的市场。两者又可以进一步分为很多个子市场。货币市场包括金融同业拆借市场、回购协议市场、商业票据市场、银行承兑汇票市场、短期政府债券市场、大面额可转让存单市场等；资本市场则包括中长期信贷市场和证券市场。

世界上任何国家和地区的经济活动中心都是企业，所以企业就是金融市场运作的基础。从法律的角度来看，企业主要分为独资企业、合作企业和公司 3 种组织形式。在此之中，独资企业和合作企业都是比较传统的企业形式，公司则有一定的时代性。企业因为从事商品生产而和金融市场紧密相连，企业在生产经营过程中发生的资金余缺主要通过金融市场进行融通。

现代企业的主要特征就是投资主体的多元化，也就是资本联合形式的多样性，而这个过程就需要通过金融市场来实现。

从事有价证券买卖的投资者

机构投资者是指符合法律法规规定，可以投资证券、基金的经注册登记或经政府有关部门批准设立的机构。

——金融常识

机构投资者的作用

在证券市场中，凡是出资购买了股票、债券等有价证券的机构都可以称为机构投资者。从广义上说，机构投资者就是用自有资金或者从分散的公众手中筹集的资金专门进行有价证券投资活动的法人机构。在西方国家中，将以有价证券投资收益为其重要收入来源的证券公司、投资公司、保险公司、各种福利基金、养老基金及金融财团等都称为机构投资者；而在我国，凡是具有证券自营业务资格的证券经营机构、符合国家有关政策法规的投资管理基金等都可以称为机构投资者。

机构投资者与个人投资者有着一定的区别，主要表现在以下几个方面：

首先，投资管理更为专业。机构投资者普遍具有较为雄厚的资金实力，无论是在投资决策运作、信息搜集分析还是上市公司研究、投资理财方式等方面都会配备专门的部门，并且通过一些证券投资专家来管理。到

1997年，国内的一些主要证券经营机构已先后成立了各自的证券研究所。个人投资者因为资金的原因而高度分散，而且大部分都是小户投资者，他们相对缺乏足够的时间和人力去搜集和整理信息、分析行情以及判断走势，而且对上市公司的经营情况也缺乏深入系统分析。所以从理论上讲，机构投资者的投资行为更为理性、投资的规模相对较大、投资的周期相对较长，这些都有利于证券市场的健康稳定发展。

其次，投资结构具有组合性。证券市场存在着较高的风险，机构投资者入市资金越高，其承受的风险就越大。为了尽可能地降低风险，机构投资者在投资的过程中会选择组合的方式来投资。机构投资者具有庞大的资金、专业化的管理和多方位的市场研究，这些都为组合投资提供了可能。个人投资者因自身条件所限，很难进行组合投资，这样他们承担的风险就相对较大。

最后，投资行为更为规范化。机构投资者是具有独立法人地位的经济实体，投资行为受到多方面的监管，较为规范化。一方面，为了保障公开、公平、公正的证券交易原则，维护社会稳定，保证资金安全，国家和政府都会制定一系列法律法规来规范和监督机构投资者的投资行为；另一方面，机构投资者本身就具有一定的自律管理能力，他们会从多个方面来规范自己的投资行为，保护客户的利益并且以此来维护自身在社会上的信誉。

机构投资者与企业的关系

机构投资者可以提高公司的治理水平。现在已经有很多机构投资者不再只是消极地拥有股份，而是积极参与到公司和企业的治理过程中去，因为机构投资者具有一些较为有利的因素，可以成为提升公司治理水平的推动力量。

首先，一些机构投资者尤其是国际机构的投资者都拥有一定的国际经验，他们可以以其他市场的成功事例向中国企业提供一些提升公司治理水平的意见、建议；其次，机构投资者比个人投资者更具有资金、技术和人力方面的优势，所以可以针对公司治理的实际问题提出一些方案和建议；最后，机构投资者比个人投资者更具有投票权，在和企业的接触中更具有谈判实力，可以在投资初始就通过谈判实现公司治理的一些变革，例如要求修改公司章程、指派董事、建立透明的财务报告制度等。

在我国，我们经常可以看到企业在形式上采用了较为合理的公司治理结构，但是实质上，很多措施都没有发挥出应有的作用，比如独立董事制度等。如何让这些已经在一些相对发达的国家中被证实有效的监督体制在中国也发挥出更好的效果，这些是很多企业面临的难题，而机构投资者在其中可以发挥更好的推动作用。

金融市场中的机构投资者

随着改革开放的不断深入，中国的经济体制有了一定的转轨，金融市场也得到了较快的发展，虽然中国证券市场的建立只有 8 年时间，但是无论上市公司还是投资者都有了一定的规模。

但是市场投资者结构与市场的要求还有一定距离，主要表现在中小投资者很多，而真正意义上的机构投资者较少，机构投资者发展较为缓慢。所以证券市场在具备一定的规模之后，还需要培养一定数量的机构投资者，这样才能适应金融市场发展的需要。

企业在金融体系中的角色

企业是依法设立的从事生产、流通、服务等经济活动，实行自主经营、独立核算的一种赢利性的经济组织，它能最大限度地满足大众的生产生活需求。

——金融常识

企业与政府的关系

企业与政府的关系体现在以下几个方面：

首先，企业要服从政府的统一管理和领导。

为了维护国家的整体利益，甚至是全球利益，企业需要自觉服从政府的管理，即使是政府的一些法律、法令、政策、条例等会让企业的经济利益受到损失，企业也需要执行。比如政府提倡反腐倡廉，要求企业在经济活动中不断教育干部和员工，不得违背廉洁奉公的原则，如果某些政府官员在经济活动中利用手中的职权进行腐败活动，那么企业相关人员要进行抵制，甚至可以进行检举，积极配合政府的工作。

其次，企业要遵纪守法。

企业是法人，对于政府来说其是团体公民，因此企业的所有活动和行为都需要在法规规定的范围内，也就是说，企业的任何行为必须合法。

企业只有遵纪守法才能够建立起一个良好形象，得到政府的认可，并最终得到消费者的信任；反之，一个企业如果无视政府的法律、法规，为了自己的利益而从及一些违法的活动，那么终将会受到法律的制裁。

现在中国已经加入了 WTO，所以一些企业还需要遵守国际法和一些国际惯例，尤其是在海外的企业必须遵守当地国家政府的法律和规定甚至一些民俗，只有这样才能够和当地政府保持融洽的关系。

第三，企业应该大力支持政府的工作。

比如，政府号召援助灾区人民、资助“希望工程”、赞助社会公益事业以及维护社会治安等，企业应当根据自身的实际情况积极参与其中。这样，既可以为政府分担一些困难，客观上还可以赢得社会民众的好评，得到公众的赞赏，从而树立自身良好的形象。

第四，企业的利益应当与国家、社会的利益相一致。

企业是社会的一部分，虽然其有自身的利益和目标，但是这种利益和目标不能与国家、社会的利益相悖，只有保持一致性，才能够得到政府和公众的信任和支持。

企业与个人的关系

企业从静态上解释就是“人、财、物、技术、信息和关系”等聚合在一起的社会组织形态。而从动态上解释便是，人们带着追求利益最大化的目标，通过一定的组织形式组织起来，创造出条件，从而将人们的经营管理思想转换为组织的行为，并在这种组织形式的制约和参与下，共同为市场提供服务，市场则为这个群体分配利益，从而实现人们获取最大化利润目的的过程。

人的行为产生主要是通过动机和需要，人们想在企业中获取最大利益，所以才通过一定的组织形式聚合到企业中。如果企业无法提供利益，那么就留不住人；同样人们不到企业中，就无法产生利益。企业的好坏与每个人都有密不可分的关系，与每个人的命运息息相关。

个人在金融体系中的角色

> 个人是组成社会的最基本单位。不论是政府、企业、组织，还是银行、金融市场等，都是由人的参与来维持的。所有的机构最终都是为了满足人的需求而产生的。
>
> ——金融常识

个人与企业的关系

其实个人发展和企业发展之间的关系很像鱼和水的关系：鱼儿离不开水，也就是说，个人的发展离不开企业发展这个大舞台；水深了，鱼就会开心，也就是说企业发展良好，就可以给个人发展提供更好的平台，个人从中会获得更多的利益。因此现实生活中的每个人需要给自己定好位，为企业的良性发展贡献自己的力量，进而为自己赢得更多的利益。

个人与商业银行的关系

个人和商业银行的关系非常紧密。

商业银行是数量最多、业务最广的银行，其和普通民众的关系非常密切。在我国，除了中国人民银行之外，所有的其他银行都是商业银行，包括招商银行、浦东发展银行、农业银行等，这些都在影响着我们的生活。

商业银行有两个最主要的业务，即吸收存款和发放贷款，这些其实都是为公众提供的金融服务。

个人与投资机构的关系

金融市场中，投资者其实是在金融交易中购入金融工具融出资金的所有个人和机构，一般情况下分为个人投资者和机构投资者。证券市场发展的初期，市场的参与者主要是个人，也就是以自然人身份从事股票买卖的投资者，但是随着时代的发展，实力更强的的组织出现了，因而渐渐有了投资机构。

其实投资机构和普通的自然人之间存在着投资和被投资的关系。自然人依靠投资机构的专业性和系统化，而同样投资机构借助着自然人得以更好地发展。

金融是一张无形的大网，它连接着政府、企业、个人等各个机构和自然人。在这张网中，它们各自有什么样的关系，各自扮演着什么角色，通过以下关系图，就可以清楚明了地看出来。

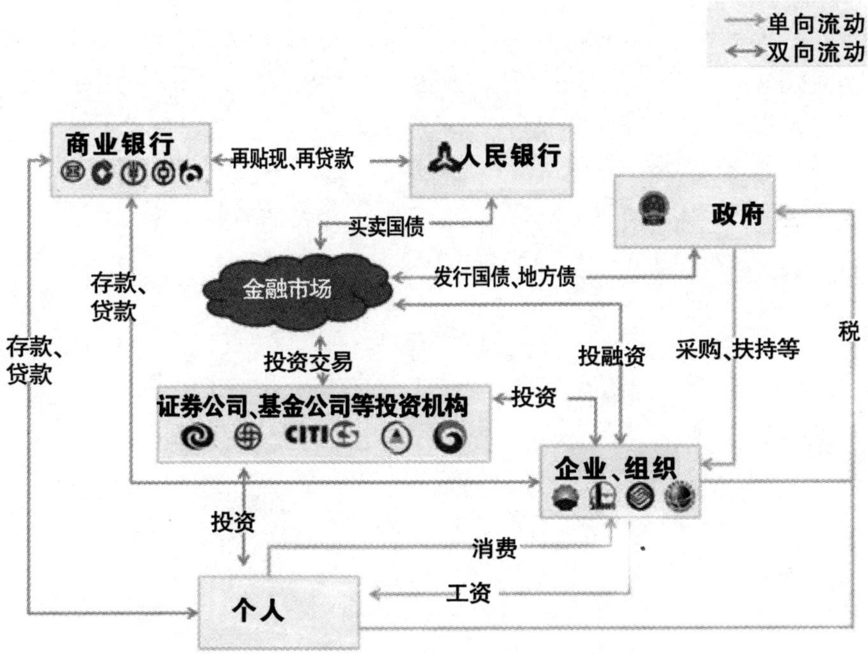
单向流动
双向流动
商业银行
再贴现、再贷款
人民银行
买卖国债
政府
金融市场
发行国债、地方债
存款、
贷款
存款、
贷款
投资交易
投融资
采购、扶持等
税
证券公司、基金公司等投资机构
CITI
投资
企业、组织
投资
消费
工资
个人

中国的金融体系简略图